Richard III
Jacob Abbott

理查三世
王族内讧与玫瑰战争
全景插图版

[美]雅各布·阿伯特 著
贺晨 译

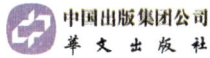

图书在版编目（CIP）数据

理查三世/（美）雅各布·阿伯特（Jacob Abbott）著；贺晨译.—北京：华文出版社，2017.10

（美国国家图书馆珍藏名传）

ISBN 978-7-5075-4760-3

Ⅰ.①理… Ⅱ.①雅…②贺… Ⅲ.①理查三世（Richard Ⅲ 1452-1485）—传记 Ⅳ.①K835.617=324

中国版本图书馆CIP数据核字(2017)第240078号

理查三世

作　　者：[美] 雅各布·阿伯特
译　　者：贺晨
选题策划：盛世华章
插图供应：029—89257605
责任编辑：胡慧华
出版发行：华文出版社
社　　址：北京市西城区广外大街305号8区2号楼
邮政编码：100055
网　　址：http://www.hwcbs.com.cn
电　　话：总编室010—58336239　发行部010—58336267
　　　　　责任编辑010—58336197
经　　销：新华书店
印　　刷：北京画中画印刷有限公司
开　　本：880×1230　1/32
印　　张：9.375
字　　数：180千字
版　　次：2018年1月第1版
印　　次：2018年1月第1次印刷
标准书号：ISBN 978-7-5075-4760-3
定　　价：45.00元

版权所有　侵权必究

出版说明

《美国国家图书馆珍藏名传》共 22 册，作者是美国著名历史学家、教育家雅各布·阿伯特。他以独特的视角研究公元前 7 世纪到公元 18 世纪 2500 年的世界史，最后写出了这套影响深远的人物传记。读者能通过阅读这些风云人物，更好地理解那段历史、那段时光，这是我们出版这套书的最大良善。为更好地使读者全面了解该丛书，现作如下说明：

一、关于版本。据不完全统计，这套丛书的英文版多达上百个。其中，以哈伯兄弟出版公司于 1904 年出版的版本最具代表性和权威性。本丛书正是根据该版翻译而成，以保证版本的质量。

二、关于插图。这些人物距现代已经很久远了。读者可能会问：他们长什么样子？穿什么衣服？仗是如何打的？外交是如何谈的……为了让读者更形象地了解当时的历史，我们精心为各书选配了约百幅插图。这些插图包括但不限于油画和版画。我们希望，通过品味插图的艺术之美，读者获得一种不是穿越胜似穿越的强烈体验，从而更好地对当时的风土人情有更直观的体察。

三、关于注释。为了确保内容的正确性、权威性，版权方进行了大量的考证工作。考证的结果以注释的形式体现。另外，内文中很多涉及地图的地方，我们尽量尊重作者尊重历史保存原貌，如有出入，请读者认真分辨。

四、关于译者。本丛书由多所大学的一线英语老师及教授翻译而成。各位老师治学严谨，文笔优美，为确保丛书的质量奉献良多。在此，深表敬意。

尽管出版前我们做了许多工作，但不足之处实难避免，欢迎读者朋友多提宝贵意见。

译者序

《美国国家图书馆珍藏名传》是一套畅销于美国，深受美国几代人喜爱，了解世界著名帝王将帅人生大故事的丛书。这套书自在美国出版以来，以适读、耐读而享有盛名，也是由美国国家图书馆全套珍藏的传记读物。《理查三世》是丛书的一种，以玫瑰战争为宏大的历史背景，以约翰家族与兰开斯特家族争夺王位的激烈斗争为主线，全方位、多层次、宽角度地展现了玫瑰战争后期血腥的历史。理查三世时代是尚武的时代，是追名逐利的时代，是王族内乱、骨肉相残的时代。时代的特征塑造了理查三世的性情，他孔武、善战，他狡诈、机变，他为夺取王位而不择手段、大开杀戒。是的，最终他登上了王位，但名不正则人不服，自然也就为自己掘好了坟墓。在与亨利·都铎的决战中，理查三世身死而为天下笑,一代英雄,岂不哀哉!这时,历史奇特的一幕出现了:爱德华三世的两支后裔,约克家族和兰开斯特家族的子孙们,经过数十年的自相残杀,竟然没有一支留有合法继承人。金雀花王朝四百年基业就此覆亡……

在翻译的过程中,我怀着对经典的崇拜之情,悉心查阅了大量资料,谨小慎微,唯愿将这部作品尽善尽美地呈现于读者面前,然而疏漏与有待商榷之处在所难免,望读者朋友批评指正,不胜感激!

贺晨

于西北师范大学

原 序

英格兰国王理查三世,史称"篡位者理查"。他的品性或许与使他成为国王的君主世袭制一样邪恶,或者不如说与造就他的世袭君主制一样邪恶。没有证据表明他生性堕落,是他所生活的环境和周围的人影响了他,使他变成了一个不顾一切、不择手段、冷酷无情的人。他从小就相信他的家族是天生的统治者,自然就该拥有荣华富贵,而其他成千上万的百姓则生来注定辛苦劳作、听命服从。骄傲、野心和极度渴望权力在他幼小的心灵深处生根发芽,最终结出了恶果。下面我要给读者讲一讲这个暴君是怎样炼成的。

目 录

第一章 | 理查三世的母亲 ······················· 001

约克家族与兰开斯特家族的斗争——斗争的可怕后果——斗争的起源——家谱和血统的复杂问题——塞西莉·内维尔小姐——她成为约克公爵夫人——她的生活方式——古代文献的摘录——塞西莉夫人的家庭——孩子们的姓名——男孩们的生活环境及生活方式——他们的信件——爱德华和埃德蒙的信——男孩们祝贺父亲的胜利——男孩们的更多细节——拉德洛城堡——理查母亲的性格——贵族精神——贵族与百姓的一些情况——家庭女教师——男孩们的管家：理查·克罗夫特爵士

第二章 | 理查三世的父亲 ······················· 017

理查·金雀花的家谱——爱德华三世的家族——爱德华三世的继承人——约克家族和兰开斯特家族的谱系图——理查·金雀花被囚禁——亨利六世——他软弱的性格——百姓的不满——继承权的安排——安茹的玛格丽

特的性格——没有子嗣——国王的软弱无能——理查·金雀花正式成为继承人——王子的意外出生——人们的怀疑——各种猜测——理查的期待——两大阵营形成的过程——玛格丽特王后的决心和动力——战争——理查三世的两兄弟：爱德华和埃德蒙——约克城墙——理查王子在约克——嚣张的王后——理查谋士的建议——理查的回答——交战——理查战败——埃德蒙之死——理查之死——头颅被高高地挂在约克的一根旗杆上

第三章 | 理查三世的童年 ………………………………… 037

小理查的童年生活——关于他出生的离奇传说——理查童年遇到的危险——母亲一生的大起大落——约克家族的城堡和宫殿——丈夫死时塞西莉夫人的状况——塞西莉夫人把孩子们送到欧洲大陆——塞西莉夫人及其长子的状况

第四章 | 爱德华继位 ………………………………………… 047

爱德华成为王位继承人——爱德华的能力和选择——率军狙击玛格丽特——沃里克——与王后的战斗——沃里克战败——玛格丽特救回丈夫——王后军队的暴行——爱德华乘胜追击——进入伦敦——受到欢迎——伦敦全城沸腾——爱德华采取的行动——民意——百姓拥护爱德华——爱德华正式继位——各种庆典——爱德华率军北上——一场交锋——爱德华胜利进入约克——爱德华葬父——他回到伦敦——母亲的悲痛——乔治和理查的处境——理查的外貌——对当时盔甲的描述——使用盔甲的必要性——昂贵的盔甲——盔甲的替代品——训练——掌握的技艺——枪靶的描述——其他训练和体育运动——踢球——跳铁环——兄弟为伴——理查所受的智力教育

| 第五章 | 造王者沃里克 067

理查在他兄长统治下的处境——玛格丽特跌宕起伏的一生——约克家族的代表——待嫁女孩的价值——沃里克成为爱德华的首相——三大家族——安茹的玛格丽特的命运——逃亡法国——策划新的远征——玛格丽特战败与被迫逃亡——她在海上遇到巨大危险——躲起来的国王——国王成为阶下囚并被送往伦敦塔——残酷的惩罚——士兵们的愤怒——伊丽莎白·伍德维尔的介绍——爱德华初遇伊丽莎白——秘密的婚姻——婚事渐渐浮出水面——沃里克伯爵恼羞成怒——爱德华四世的古老画像——伊丽莎白·伍德维尔王后的画像——乔治和理查——王后被公众认可——婚事带来的各种麻烦和纠纷——对王后的亲友心怀嫉恨——亨利及其家族的境况——约克的玛格丽特——玛格丽特婚姻的各种计划和行动——查尔斯伯爵获胜——沃里克的烦恼——矛盾升级——暂时和解——新的联姻计划——爱德华不快——他没能阻止婚礼——在加来举行的结婚典礼

| 第六章 | 约克家族的衰落 093

叛乱——国王前去平叛——叛军被镇压——握手言和——国王受惊——矛盾升级——再次和解——新的叛乱——沃里克公开与国王宣战——沃里克和他的党羽无法登陆加来——困在海峡中的沃里克一行人——登陆阿夫勒尔港——沃里克与玛格丽特王后的奇怪协议——引诱克拉伦斯背叛沃里克的企图——爱德华毫不畏惧——勃艮第公爵——玛格丽特王后渡过英吉利海峡——远征军登陆——军队被接纳——爱德华遭到拥趸的背叛——爱德华逃出英格兰——困难与危机——他的母亲逃走——爱德华的儿子与继承人出生——亨利国王复辟

第七章 ｜ 兰开斯特家族的衰落 ·················· 111

理查的立场——勃艮第公爵——他的计策——与克拉伦斯的私下接触——沃里克留住克拉伦斯的计谋——爱德华和理查回到英格兰——战略——约克城接纳爱德华——红白玫瑰——民意——沃里克——克拉伦斯的立场——两面派——克拉伦斯加入爱德华的阵营——爱德华的胜利——亨利再入伦敦塔——沃里克拒绝投降——战斗的准备——爱德华获胜——沃里克被杀——亨利国王——玛格丽特和威尔士亲王——两军对垒——两个男孩指挥作战——温洛克勋爵被杀——战斗结束——威尔士亲王被杀——王后逃亡——爱德华在教堂——玛格丽特被俘——押送囚犯回伦敦——亨利死在伦敦塔——埋葬亨利六世——兰开斯特家族覆灭

第八章 ｜ 理查三世的婚姻 ·················· 131

克拉伦斯和理查的性格——克拉伦斯的两难境地——理查被任命为海军司令——他的真实性格——好士兵的必备品质——小爱德华被定为王位继承人——安妮小姐的悲惨处境——她的姐姐伊莎贝拉——克拉伦斯对财产的态度——理查的计划——他与安妮早年的相识——大主教家的宴会——克拉伦斯藏起安妮小姐——理查最终找到了她——他的婚姻——保住财产的手段——分割财产的困难——争吵升级——国王出面解决——理查的孩子出生——安妮心满意足

第九章 ｜ 爱德华统治的终结 ·················· 145

理查的威望——他的性格——爱德华进攻法国的计划——国王路易的性格——路易的诡计——提出签订条约——安排会面——桥上的格栅——国王们格栅边的会面——二王的幽默谈话——条约条款——约定联姻——克拉伦斯和格洛斯特——英国臣民的不满——爱德华与克拉伦斯再起争执——克拉伦斯离开宫廷——迷信巫术——克拉伦斯二子出生——新的争执——富有的女继承人——爱德华和克拉伦斯关于女继承人的争执——克拉伦斯发怒——他被关进伦敦塔——克拉伦斯被控叛国——被判死刑——他被秘密谋害——爱德华的放荡生活——简·肖尔——爱德华遣理查迎战——苏格兰的麻烦——爱德华病倒了——对法王的怒火——玛丽公爵夫人之死——路易的背叛——爱德华的怨气——爱德华驾崩

第十章 格洛斯特公爵理查与爱德华五世 ······ 167

爱德华死讯产生的影响——伊丽莎白·伍德维尔王后的担心——爱德华尝试促成和解的努力——将年轻王子送往伦敦的计划——格洛斯特公爵理查的行动——给王后的信——他到达北安普敦——国王在斯托尼斯特拉福——行动和诡计——被扣押的贵族——捉住国王——小国王很害怕——格洛斯特公爵做出的解释——爱德华五世大吃一惊——无助地落入格洛斯特公爵之手

第十一章 避难 ······ 177

王后听到消息大惊失色——大主教来访——黑斯廷斯的口信——格洛斯特公爵的心思不为人知——逮捕伍德维尔派的头目——王后"仓皇出逃"——她的女儿们——庇护所介绍——耶路撒冷厅——格洛斯特公爵的加冕计划——格洛斯特公爵一行在伦敦受到欢迎——多赛特——王后的朋友被驱逐——格洛斯特公爵的头衔——英格兰人的忧虑——王后的悲惨处境

第十二章 ｜ 护国公理查 ·················· 191

　　格洛斯特公爵阴谋篡位——处置爱德华四世的子女——克拉伦斯的子女——西西里夫人——贝纳德城堡——王后友人在庞弗雷特城堡的处境——黑斯廷斯勋爵——格洛斯特公爵召开会议——伦敦塔——塔中的贵族会议——格洛斯特公爵在会议中的行动——伦敦塔会议厅的场面——他示意守卫行动——黑斯汀斯被处决——送往北方的命令——处决庞弗雷特城堡的囚犯——格洛斯特公爵针对约克公爵的计划——决定抓住他——小理查命运的争议——派往伦敦塔的代表团——与王子母亲的会面——王后被迫放弃孩子——离别——王子被带走——两个王子都落入格洛斯特公爵手中

第十三章 ｜ 公开称王 ·················· 209

　　白金汉公爵——历史疑问——格洛斯特公爵在贝纳德城堡——账簿——账簿的条目——格洛斯特公爵的计划——针对简·肖尔的决定——爱德华四世与埃莉诺·塔尔博特的所谓婚姻——故事的细节——传播开来的计划——肖博士在圣保罗教堂附近所做的宣讲——妙计——人们态度冷淡——市政厅的集会——人们毫无反应——呼吁行动失败——召开大会——白金汉的安排——请愿——请愿的内容——真实目的——格洛斯特公爵在贝纳德城堡收到请愿——格洛斯特公爵最终接受王位——登基仪式——理查三世游行通过伦敦——称王消息传遍各地——爱德华五世统治的不寻常之处

第十四章 ｜ 加冕 ·················· 229

加冕的计划——安妮前往伦敦——皇家驳船游行——大批观众——皇家驳船——到达伦敦塔——采取的措施——被监禁的王子——理查三世和安妮前往威斯敏斯特——加冕仪式——御宝——宗教仪式——国王和王后加冕——高台——威斯敏斯特大厅里的仪式——宴会——皇家卫兵——挑战敌人——护手被扔在地上——观众——赐福仪式——现代赐福仪式——火炬

| 第十五章 | 王子们的命运 | 241 |

国王决定全国巡视——臣民情绪高昂——牛津——沃里克城堡——大使们——到达约克——再次加冕——理查三世的儿子——庆典——他决定杀死两个孩子——密使格林——格林返回——与男仆的对话——詹姆斯·泰瑞尔爵士——理查三世雇佣泰瑞尔——一封信——泰瑞尔到达伦敦塔——谋杀两个王子——刺杀行动——埋尸——理查三世很高兴——重新埋葬尸体——保守谋杀秘密

| 第十六章 | 家庭纠纷 | 251 |

密谋反抗理查三世——伊丽莎白·伍德维尔的处境——反对派的计划——伊丽莎白王后的痛苦——报应——伊丽莎白去坟墓——白金汉公爵——里士满伯爵都铎·亨利——伊丽莎白——结婚计划——亨利·都铎策划入侵——白金汉试图与他合作——计划失败——白金汉之死——亨利·都铎撤退——公主——他想抓住亨利·都铎——议会——新政策——计划成功——王后的理由——她的处境仍很艰难——取消婚约——理查三世关于公主的计划——伊丽莎白对此事的态度——理查儿子之死——安妮王后的病——王后的痛苦——怀疑——伊丽莎白迫切地想嫁给国王——王后之死——理查三世谋士的规劝——理查三世放弃计划——伊丽莎白大失所望

第十七章 | 博斯沃思之战 ……………………………… 267

亨利·都铎继续在巴黎做准备——远征军起航——理查三世发表宣言——作战计划——国王去了诺丁汉——亨利·都铎的希望和期待——各种谈判——理查三世在诺丁汉——他开始出兵——长长的队伍——博斯沃思战场上的两支大军——理查三世的忧愁和焦虑——痛苦的怀疑——他的懊悔——战斗——遭遇背叛的理查三世——纷纷变节——理查三世之泉——他的绝望——可怕的战斗——他拒绝逃跑——理查三世被杀——王冠易主——理查三世残部逃跑——尸体的处置——亨利·都铎娶了公主——伊丽莎白·伍德维尔王后——她生命的最后几年——她的薨世和葬礼

附 录 | 专有名词英汉对照 ……………………………… 281

第一章

理查三世的母亲

精彩看点

约克家族与兰开斯特家族的斗争——斗争的可怕后果——斗争的起源——家谱和血统的复杂问题——塞西莉·内维尔小姐——她成为约克公爵夫人——她的生活方式——古代文献的摘录——塞西莉夫人的家庭——孩子们的姓名——男孩们的生活环境及生活方式——他们的信件——爱德华和埃德蒙的信——男孩们祝贺父亲的胜利——男孩们的更多细节——拉德洛城堡——理查母亲的性格——贵族精神——贵族与百姓的一些情况——家庭女教师——男孩们的管家：理查·克罗夫特爵士

第一章 理查二世的母亲

理查三世的母亲是一位美丽的女性。尽管生活在一个动荡不安的时代,但她却是一位品德高尚的人。她出生时正值两个显赫的家族将一场声势浩大的斗争推向白热化之际。这场激烈的斗争旷日持久,敌对的双方是理查三世的两支先祖——约克家族和兰开斯特家族——目的是为了争夺王位。这场可怕的争斗持续了一百多年,引发了无数的战争、骚乱,城镇被洗劫、焚烧,富庶的城市被掠夺,犯下的罪行罄竹难书。一连几代,不计其数的家庭付出了无法平静生活的代价,妻离子散,骨肉分离。数不胜数的谋杀与暗杀充斥着这个时代。我们不禁会问:这一切都是为了什么?动乱时代总是起源于一些看似平常的事情:某个国王的后裔以非常复杂的方式相互通婚,致使好几代人都搞不清哪支后裔有资格获得王位。而在付出了无数血的代价之后,和平解决争端的方法总能被找到:一支后裔的一个王子娶了另一支后裔的一个公主。于是,两个家族原本冲突的利益合二为一,斗争这才告终。

然而,尽管局势缓解了,但整个国家依然处于无序状态,暴动、仇恨、争斗和战乱随时可能被点燃。内战危机笼罩下的气氛实在恐怖。

卷入这场争斗的两支王室后裔是约克家族和兰开斯特家族,家族之名均源于祖先的头衔。兰开斯特家族的始祖为兰开斯特公爵——冈特的约翰;约克家族的始祖是约克公爵——埃德蒙的后裔;冈特的约翰和埃德蒙是兄弟,而且是英格兰国王爱德华三世的子孙。爱德华三世的继承人是理查二世。讲述理查二世的历史时我们曾对这个家族做过详细介绍。当然,作为兄弟,他们的子孙是亲人,理应和睦相处。两个家族从父系上看是血亲,后来它们还互相通婚。久而久之,后代的关系愈发紧密和复杂,最终根本无法理清。通过了解当时的历史,我们发现当时的公爵和王子们在战场上大动干戈,策划阴谋相互暗杀;竭尽全力把对方变为阶下囚,然后把对方终生囚禁在地牢中;与此同时,这些无情的敌人却是近亲——如果从母系算,

宴会上的冈特的约翰（中），他正在与弟弟约翰（左二）讨论英格兰和葡萄牙联合入侵卡斯提尔。吉安·德·沃瑞（1398—1474）绘于15世纪

埃德蒙是第一代约克公爵。图为埃德蒙规劝葡萄牙国王费迪南一世。吉安·德·沃瑞绘于15世纪

理查三世

他们很可能是表兄弟；如果从父系算，他们很可能是叔侄。战争期间，王国中几乎所有的家庭、村庄和城镇都受到可怕的仇恨的影响，变得分崩离析。

理查三世的母亲出嫁前名叫塞西莉·内维尔，她生于斗争一方的一个家族，后来嫁入斗争另一方的一个家族。在许多情况下，斗争就是因为这样才变得复杂。塞西莉小姐是兰开斯特公爵的后人，但她嫁给了约克公爵。她的丈夫已经是这场争斗开始后的第三代约克公爵了。

嫁给约克公爵后，塞西莉·内维尔自然成了公爵夫人。她的丈夫在当时是一个很有政治地位的人，并且像其他贵族一样，他时常在外作战和远征。期间，他不断变换住所，常常从英格兰的一个城堡搬到另一个城堡，有时甚至长途跋涉，远征爱尔兰、苏格兰和法国等地。虽然征战连年，但他的妻子一直都陪伴在他的身边。外界的动荡使她的生活充满了艰辛，但生性安静的她却非常顾家。尽管她也有引以为傲的远大追求，但无论在哪里，她都忙着操持家务、相夫教子，并且虔诚地履行宗教义务，一次都不落下。那个时候，人们对信仰虔诚至极。

下面这段文字来自于一份古老的文献，描述了她

第三代约克公爵画像,出自古代一部手稿。塔尔博特·马斯特绘于 1443 年

在一个城堡里居住时的日常起居。

每天清晨她七点钟起床,然后向牧师做晨祷。晨祷结束后,她便在卧室内做小弥撒。弥撒完毕后,她会吃些东西,然后再去小教堂做礼拜,并聆听两段弥撒。从这时到午饭之前,她会阅读一些宗教典籍,比如《希尔顿的沉思及积极的生活》或其他一些指引灵魂的作品。午餐过后,她会抽一小时时间会见那些向她祷告忏悔的人们,然后睡上一刻钟。午睡过后,她会继续祷告,直到教堂的第一声晚钟响起。

晚餐时她会对身边的人背诵祈祷文。餐后她会和熟悉的女伴们聊聊天。睡前一小时,她会喝一杯酒,然后回到内室,进行一天的最后一次祷告,然后对上帝说晚安。晚上八点钟,她便就寝了。

八点钟就寝是符合那时习惯的,因为我们在一份公爵夫人日常生活的记录中发现,那时的午餐时间是中午11点,晚餐时间是下午4点。

第一章 理查二世的母亲

理查三世的母亲婚后至少生了 12 个孩子。他们的名字分别是安妮、亨利、爱德华、埃德蒙、伊丽莎白、玛格丽特、威廉、约翰、乔治、托马斯、理查和厄苏拉。本卷的主人公理查在所有兄弟姐妹中排行第十一,也就是倒数第二。理查的许多兄弟姐妹在幼年时便死去了。男孩只幸存了 4 个:爱德华、埃德蒙、乔治和理查。所以我们在书中只会讲这 4 个男孩。

除了这几个孩子,其他孩子也曾活过一段时间。年幼时他们大多和母亲在一起,但长大之后,他们不得不和父母分离:公爵——他们的父亲,时常在外征战,母亲则常常陪伴在他身边。这时,男孩们会被留在某个城堡里,雇用专人照料他们,并负责他们的教育。他们会时常给父亲写信。有趣的是,这些信件已经成了现存最早的父子间的通信。有两个男孩曾交由一位名叫理查·克罗夫特的人照料,孩子们认为他太过严厉。在其中一封现存的信件中,孩子们抱怨他们的老师太过严格。他们在信中说:老师"规矩苛刻,要求严厉",还要走了他们"漂亮的帽子",而这几顶帽子他们原本是打算留给自己和弟弟戴的。还有一封几乎写自同时的长信,看上去似乎是爱德华和埃德蒙两个孩子写的,至少署名是这样的。这封信祝贺他们的父亲在战场上取得了胜利。尽管有两个孩子的签名，但从信中使用的华丽语言和夸张的语句来看，我猜测这封信是由他们的母亲或者老师代笔写成的。关于这一点，读者诸君可以仔细研读，做出你们的判断。为了便于现代人理解，我对这封信的拼写文法做了一些更改，但内容仍旧忠于原始文本。

  至高无上的王子，我们最尊敬的君主和父亲：

  恕子愚钝，受您的启示，承蒙您的智慧，我们已于昨日从您的仆人威廉·克林顿那里收到了您5月29日在约克所写的信件①。

  我们得知您在威廉和约翰·麦尔沃特的帮助下，用兵神速，将敌人打得落花流水。听闻捷报，我们欢欣鼓舞。我们感谢万能的上帝恩赐，衷心地请求他每日赐予您好运，助您知己知彼，百战百胜。

  若亲爱的父亲大人想知悉我们的生活，

---

① 由于当时尚无邮政体系，因此所有信件全凭私人的特别信使往来传递。——原注

我们可以告诉您,在给您写信的同时,我们的身体康健。感谢上帝,我们每日祈祷您赐予我们慈悲宽厚的父爱。

您在来信中嘱咐我们在年少时要勤勉好学,这样成年之后才能有所作为,成就大业。承蒙您的智慧,我们一到这里便孜孜不倦,刻苦学习。上帝定会感念您对国尽忠,对儿慈爱,赐福于您。

我们还请求您同意将您的厨房杂役哈里·拉维德恩派来服侍我们,他服侍我们正合适。我们会把约翰·博伊斯送给您,听候您的差遣。

高贵、全能的王子,我们最崇敬的君主和父亲,我们乞求万能的上帝赐福于您,愿您福泽绵长、万事顺心。

> 您谦卑的儿子:E. 马奇,E. 拉特兰
> 6 月 3 日写于拉德洛城堡

落款的 E. 马奇和 E. 拉特兰分别代表马奇伯爵爱德华和拉特兰伯爵埃德蒙。尽管当时两个孩子分别只

有11岁和12岁,但他们已经是伯爵了。后来,埃德蒙17岁那年随父出征时,在战场上被残忍地杀害了,下文将会详细介绍。另一个男孩,也就是爱德华,后来成了英格兰国王,在时间上,他是理查三世前任。

两人写的这封信,信封上是这样写的:

献给我们至高无上的王子,我们最尊敬的君主和父亲、英格兰的保护者和捍卫者——约克公爵。

几个男孩当时住在拉德洛城堡,他们就是在那儿写了这封信。城堡建在英格兰西部的山石之上,离什鲁斯伯里不远,是一处军事要塞。下面这幅插图生动地表现了男孩们住在那里时城堡的情形。我们发现,在那个动荡的年代,国王和王子们为了安全起见,都习惯将家人安置在这样的城堡里。在这之后不久,拉德洛城堡遭到了破坏,被洗劫一空。但它的遗迹却一直保存至今,很多游客都饶有兴致地前去参观游览。

正如我们之前所述,塞西莉夫人品德高尚,是忠诚的妻子和尽责的母亲。但她同时也胸怀远大的理想,对自己的身份和地位感到十分骄傲。在她所属的大家

上面两幅图为不同时期的拉德洛城堡。上图为塞缪尔·斯科特（1702—1772）绘于 1765 年；下图为一幅印刷品，作者信息不详

族当中，几乎所有的兄弟姐妹都是贵族或贵族夫人。当她嫁给理查·金雀花王子，也就是本书主人公的父亲时，她的心中极其欢喜，因为她认为自己今后将会成为王后。她相信理查王子完全有资格成为国王，其中原因我们将在下一章详细讲述。即使她丈夫的继承权在当时的国王在位时并不被承认，但总有一天会被承认的，那时她就是名副其实的王后了。因为她认为根据正统，自己早已经是王后了；所以，她日日精神抖擞，时时容光焕发，举手投足之间尽显端庄、大气的贵族风姿。

事实上，纵观历史，说到傲慢自大，任何时候、任何地方的贵族都比不过英格兰的金雀花家族统治时期的贵族。那时，金雀花王朝繁荣昌盛，作为与众不同的特权阶层，贵族目空一切，看不起所有在他们之下的社会阶层，他们与现在的贵族有着巨大的差异。他们唯一的工作就是打仗，对从事其他工作的人，比如艺术、手工业者都嗤之以鼻。从事这些工作的人大多生活在乡村、镇子，挤在昏暗、狭窄的小巷子里，他们的住所破破烂烂，一点儿也不舒适。而贵族们住在全国各地宏伟的城堡里，城堡四周环绕着大片庄园和玩乐的地方，在那里他们最爱对下属发号施令，对竞争对手或是敌人开战。那时，贵族之间的冲突、战争不断，每个人都渴望得到更大的权力和更多的荣华富贵，每个人都极度蔑视那些比不上自己的人。理查的母亲完全拥有上述的这些贵族的高傲气质。毫无疑问，她的性格对她的孩子们产生了巨大的影响。几个孩子在日后的岁月中所犯下的种种罪行以及经历的种种痛苦，都是跟她的远大抱负和对名利的疯狂追求分不开的。

理查的母亲聘请了一位宫廷里的小姐担任家庭教师，辅助自己对孩子们进行早期教育。这位女教师出身高贵，是王室之后。塞西莉夫人认为，由于自己家族地位高贵，并且为孩子们的未来着想，只有出身高贵的女性才能担此重任。这位家庭教师是莫蒂默小姐。

男孩们稍大一些后，便由一位叫理查·克罗夫特的男管家进行教导，正是孩子们在之前一封信中提到的那位。他也是一位贵族，并且军功赫赫。但是男孩们觉得他过于严厉，至少从他们在信中对他的描述来看似乎是这样的。

管家和家庭教师似乎非常喜欢对方，因为过了不久，理查爵士就向莫蒂默小姐求婚，然后两人就结婚了。

除了拉德洛城堡之外，理查王子还拥有几处要塞，他的妻子不时地会去那些地方住一段时间。家中比较小的孩子理查就出生在其中一个叫佛泽林盖的城堡里。但在讲到他的出生之前，我必须先将他父亲的生平和命运做一番介绍。

第二章

理查三世的父亲

精彩看点

理查·金雀花的家谱——爱德华三世的家族——爱德华三世的继承人——约克家族和兰开斯特家族的谱系图——理查·金雀花被囚禁——亨利六世——他软弱的性格——百姓的不满——继承权的安排——安茹的玛格丽特的性格——没有子嗣——国王的软弱无能——理查·金雀花正式成为继承人——王子的意外出生——人们的怀疑——各种猜测——理查的期待——两大阵营形成的过程——玛格丽特王后的决心和动力——战争——理查三世的两兄弟：爱德华和埃德蒙——约克城墙——理查王子在约克——嚣张的王后——理查谋士的建议——理查的回答——交战——理查战败——埃德蒙之死——理查之死——头颅被高高地挂在约克的一根旗杆上

第二章 理查三世的父亲

理查的父亲是约克家族的一个王子。他在世时曾被立为王位继承人,但他在当上国王之前就死了,因此他的继承权就留给了他的孩子们。他的继承权的由来以及几个家族之间错综复杂的关系将在下面以家族谱系图的形式表现出来。

一百多年之前,英格兰国王是爱德华三世。他和王后菲利帕去世后留下了四个儿子,这在下图中可以看到。他们的孩子并非只有这四个,但后来参与争夺王位的都是这四个儿子的后裔。他们分别是爱德华、莱昂纳尔、约翰和埃德蒙。其他的兄弟姐妹要么英年早逝,要么虽然长到了成年,但后继无人。

四个儿子中的老大是爱德华,史称为"黑太子"。在《理查二世》一书中,我们已经详细地叙述了他的生平事迹。他先于父亲去世，因此没有继承王位。但他的继承权传给了儿子理查。爱德华一死，理查便成了国王。理查在位20年。期间，他作恶多端，治国不善，后来遭到废黜。接替他的是亨利，亨利的父亲是兰开斯特公爵——冈特的约翰，而冈特的约翰则是爱德华三世的第三子。

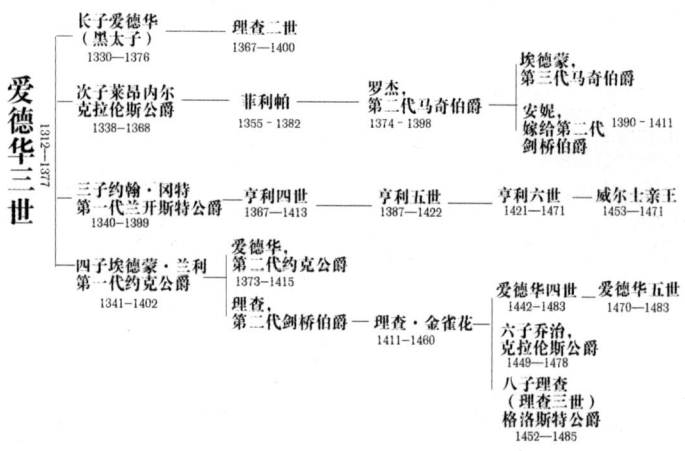

正如这个谱系图所示，冈特的约翰是爱德华第三子，而克拉伦斯公爵莱昂纳尔是爱德华第二子。因此，在继位顺序上莱昂纳尔的子孙本应优先于约翰的子孙。但事实是，那时莱昂纳尔的后代只有一个女儿菲利帕和当时尚在襁褓中的外孙罗杰。显然，这两人没

爱德华三世的画像。绘于16世纪,作者信息不详

有足够的力量争取王位，尽管从理论上来讲他们比约翰的后代更有资格。当时，英格兰臣民急于废黜理查二世，所以他们愿意把王位交给任何王室成员，前提是这个人足够强大能把理查从王位上赶下来。最后，人们接受了兰开斯特的亨利，他登上了王位，成了亨利四世。他和之后同属兰开斯特家族的亨利五世和亨利六世统治了英格兰许多年。

尽管英格兰臣民们默认了这个结果，但其他兄弟的家族，如莱昂纳尔和埃德蒙的后人——克拉伦斯和约克家族，对此却不满意。他们联合在一起，策划了一桩桩针对兰开斯特家族的阴谋。他们发动叛乱，挑起战争。毋庸置疑，接二连三的残忍的暴力和谋杀都源于这场家族纠纷。后来，为了强化两个家族的联盟，约克的埃德蒙第二子理查娶了克拉伦斯家族的安妮。之后不久，两个家族的其他后人先后去世了，这样一来，两个家族的继承权就都落到这对夫妻身上。他们的儿子也叫理查，也就是约克公爵理查·金雀花，他是理查三世的父亲。父母去世后，理查·金雀花理所当然地继承了两个家族的巨大财产和贵族身份。除此之外，他还拥有祖先传下来的继承英格兰王位的资格。

上面的谱系图清晰地表明了第二列和第四列联姻之

亨利四世是兰开斯特公爵冈特的约翰的长子,受议会拥戴而即位,开创了国王尊重议会意见的先河。图为亨利四世的加冕礼,吉安·弗鲁瓦萨尔(1337—1405)绘于13世纪末

时，克拉伦斯、约翰和约克三大家族子孙后代的情况。

当然，兰开斯特家族对于两个竞争对手的联合深感忧虑。当时，在位的英王是亨利五世。当理查·金雀花三岁大时，亨利五世便把他保护在实际上是软禁在一座城堡里。

亨利五世驾崩后，亨利六世继位。理查·金雀花仍然受到监视。他十三岁时，王室中的约克家族和克拉伦斯家族的势力渐渐大了起来，而兰开斯特家族的势力则日渐衰弱。不久，他获得了自由，并恢复了身份和爵位。亨利六世是一个胆小怯懦、意志软弱的人。他继位时非常年轻，事实上当时他只是个孩子。他领导下的政府混乱不堪。他年轻时，无力整顿政府。他成年后非常软弱，很难驾驭那些强硬的大臣。他对打仗毫无兴趣，而对隐居却情有独钟。随着年龄的增长，受当时的潮流和社会风俗的影响，他开始每日花大量时间做礼拜，并且十分虔诚。下面这幅亨利六世幼年的画像生动地表现了他那温柔和软弱的性格。

亨利六世性格软弱，政府混乱无能。随着他年龄的增长，情况变得越来越糟，约克家族不断壮大势力，迅速崛起，而随着力量的增长，他们谋夺王位的欲望越来越强烈了。

第二章 理查二世的父亲

亨利六世加冕礼。这时的亨利六世还是一个孩童。绘于15世纪,作者信息不详

"看啊,"他们说,"自从篡位者的子孙当了国王,我们得到了什么?兰开斯特家族的这些亨利们啊,他们的祖先是幼子。他们祖先的兄长们的子孙还活着,他们才更有资格继承王位。理查·金雀花是真正合法的继承人。他精力充沛,让我们拥戴他成为国王吧。"

尽管英格兰百姓也希望改变现状,但他们并不愿因为王位易主而使国家再次陷入内战。人们说,只要亨利六世还活着,他们就不会让他下台;但因为他并无继承人,所以在他死后,理查·金雀花将继承王位。

当时亨利六世已经结婚,但并无子嗣。他的妻子名叫安茹的玛格丽特。她是一位声名显赫的女性。她

亨利六世与安茹的玛格丽特。绘于15世纪,作者信息不详

的外表楚楚可怜,内心却异常坚强,而她可怜的丈夫却天性软弱,没有多少男子气概,所以王后很快就大权在握了,这非但对时局无任何帮助,反而使情况变得更加糟糕了。整个国家似乎都在为她没有孩子这件事而开心,因为这样一来,亨利死后,约翰家族就没有继承人了,而理查·金雀花和他的子孙们就能通过

第二章 理查三世的父亲

和平的方式登上王位。这时,亨利和玛格丽特已经结婚八九年了,仍然没有孩子,人们纷纷猜测他们不会再有孩子了。

理查·金雀花成为公认的亨利的继承人。改朝换代即将发生,他离王位似乎越来越近了。当时,亨利的状态已经非常糟糕,他的身体变得羸弱不堪,他的心智变得浑浑噩噩。久而久之,他越来越麻木,没有什么事能激起他的兴趣。

他已经很难治国理政了。颁布皇家法令时,需要他表示象征性的赞成,形如枯槁的他根本做不到。一次,议会派了几个委员去拜谒他,一是想看看他的身体状况,二是想看看他是否会在一些重要的事情上给他们一些指示。然而,他们的办法用尽了,最终没有得到国王任何形式的答复或指示。他们就这样回去了;过了一段时间他们又来了,然后,就像一份古老的文献所记载的那样,"他们用了所有的方法和手段来感动他、刺激他,想让他就某个问题发表意见,但他们仍然没有得到任何回答,哪怕是一个单词或手势。因此,最后他们不得不满怀悲伤地离去了。"

在这种情况下,议会认为是时候对继承人的事做最后安排了。不久,议会通过了一项正式的郑重的法令，宣布理查·金雀花为王位继承人，授予他相应的爵位和权力，同时请他担任摄政王和护国公。本书的主人公理查三世当时还只是一个两岁的孩子，在这之前其他十个孩子已经降临人世。

英格兰臣民们都盼望着亨利早登极乐，而理查·金雀花作为整个王国所承认的唯一合法继承人，就能立即登上王位。出人意料的是，上天跟人们开了个大玩笑：玛格丽特王后生了一个孩子。人们原本的期许突然被打乱了。原本已经平息的继承人之争再起波澜，未来变得扑朔迷离起来。兰开斯特家族自然马上团结在小王子周围，声称王子才是合法的王位继承人。他们开始重新谋划，想方设法想把王国的统治权留在兰开斯特家族一脉。克拉伦斯和约克家族的盟友们却宣称他们不会承认这个刚出生的婴儿为合法的王位继承人。他们不相信他是国王的儿子，因为正如他们所说，国王早已和死人没什么分别。有人甚至说他们根本不相信这个孩子是玛格丽特所生。曾有传闻说她有过一个孩子，但那个孩子生下来就体弱多病，没过多久就死了。于是，玛格丽特偷偷找来另外一个孩子冒充，这样在丈夫死后，这个假冒的儿子就能够继位，她也就保住了自己的权势和地位。玛格丽特野心勃勃，为人不

玛格丽特王后年轻时的画像。
绘于 17 世纪，作者信息不详

择手段，人们都相信她会为达目的而使出任何罪恶、肮脏的办法。

　　尽管谣言四起，议会还是承认了这个婴儿是亨利之子以及王位的继承人。婴儿取名为爱德华，并被册封为威尔士亲王，这等于正式承认了他的继承权。理查·金雀花并没有公开站出来反对，尽管他和他的支持者们仍然坚持他拥有继承权。他们认为公开称王的时机还未到，目前还是静观其变为好。这个孩子也许活不久，他的国王父亲也已经自身难保，随时可能咽气。如果国王和这个孩子都死了的话，毫无疑问理查还是能马上登上王位。因此理查觉得最好还是再等等，看看接下来会发生什么。

　　很快，理查发现事情的发展并不像他所料的那样。这个孩子活了下来，并且似乎还会好好地活下去。更糟糕的是，国王的健康状况并没有变得越来越坏，反而开始好转。不久他就能重新处理政务了，至少能够做到同意大臣们的提议了。接着，议会要求理查辞去摄政王的职务。当时他想最好还是先照办，于是他就乖乖地辞了职务。政权很快又回到了亨利的手中。

　　就这样过了两三年，双方的矛盾越来越大，冲突越来越多，裂痕越来越深。整个国家分为两派，双方

第二章 理查三世的父亲

都开始集结军队。最终，理查·金雀花公开称王。这导致议会进行了长时间的激烈讨论。讨论结果是大部分人都投票支持理查当国王，但议会同时规定，只要亨利还健在，那么就将维持现状。一旦亨利驾崩，王位就不会传给他的儿子威尔士亲王爱德华，而是永远传给理查·金雀花和他的子孙后代。

在那些激烈的争论还没得出结果的时候，为了确保孩子的安全，玛格丽特王后和孩子正待在威尔士的一座城堡里。当王后得知议会颁布了法令，剥夺了她儿子的继承权后，她宣布自己永远不会承认这项决定。她立刻向王国北方各地派出信使，召唤各地国王的忠实拥护者拿起武器在边境附近集结。而她本人则亲赴苏格兰求援。当时，苏格兰国王还是个孩子，但他与兰开斯特家族有血缘关系，因为他的祖母是兰开斯特家族的始祖——冈特的约翰的后代。苏格兰国王太年轻，所以没法参战，但他的母亲作为他的代理人，命大军去支援玛格丽特。玛格丽特亲自率领军队越过边境进入英格兰，在那里和其他几支响应她号召的部队会合。

与此同时，理查也集结了他的支持者，开始一路北上迎击敌人。他带着两个最大的儿子，就是在上一章中给他写信的那两个。你可能会想起，其中一个是马奇伯爵爱德华，另外一个是拉特兰伯爵埃德蒙。爱德华当时大约十八岁，他的弟弟埃德蒙大约十七岁。人们可能会说，他们还太年轻，不适合过早地经历行军打仗的艰辛、疲劳和危险，但王子和贵族早早地随父亲上战场是那个时代的一种风气。这些年轻的战士们真的发挥了很大的作用。因为在战场上，他们能够极大地鼓舞士气，尤其是他们极高的地位更能激励他们父亲的追随者，吸引更多的人参军。

事实上，当时爱德华的年龄已经够大了，能够独立出战了。因此，当理查率领大军向北方进发时，他派遣了一支得力的部队护送爱德华去西部的威尔士边境集结军队。那里有很多愿意追随他、支持他的事业的人。比爱德华小一岁的埃德蒙则和父亲一起出战。

理查率大军进至约克城。约克城在当时是一个非常坚固的要塞。下面这幅版画很好地展现了那时约克城墙的外观。这些城墙今天依然存在，事实上，几乎所有的城墙都保存完好，有许多游客前来参观。人们认为，它们为研究中世纪的防御工事提供了非常完整的样本。但是作为防御工事，这些城墙现在几乎没用了，因为它们无法抵住火炮的轰炸。

第二章 理查三世的父亲

站在城墙上,你能看到位于城中心的著名的约克大教堂,它是英格兰最宏伟的大教堂之一。光是建造它就用了150年,建成于理查·金雀花之前约两个世纪。

15世纪的约克城。爱德温·里兹代尔·塔特(1862—1922)绘于1914年

理查命大军进城,然后驻扎下来。在这里,他等待他的儿子从英格兰西部带回援兵。

当他在这里等待援兵时,玛格丽特王后率领从苏格兰借来的军队以及在英格兰北部募集到的人马,从北方一路南下,也来到了那里。她进至约克城附近,然后安营扎寨。为了激理查出来正面交锋,她就派使者到理查那里,奚落和嘲笑他藏在坚固的城堡。

理查的谋士建议他不要出城作战。有位叫戴维·霍尔的谋士是他忠实的老部下,他力劝理查不要在意玛格丽特王后的挑衅。他说:"我们还不够强大,很难与她的军队正面交锋。我们必须等我们的援兵到来。现在这样出去很危险,而且没有任何意义。"

"啊!戴维,戴维,"王子说道,"你敬仰我那么久了,现在你要让我丢脸吗?当我在诺曼底当总督①时,法国王太子集中他全部兵力来围攻我,你见过我躲在堡垒中吗?我总是像个男人一样勇敢地迎战,而不是像被关在笼子里的鸟一样懦弱地躲藏。我从没有因为恐惧而当缩头乌龟,那么现在你认为我——一个伟大的王子——会怕一个责骂我的女人吗?她的武器只有她的舌头和指甲。从来没有一个男人能让我害怕,难道我会给人们机会说我在一个女人面前变成了懦夫?不,我永远不受这样的耻辱。我宁肯体面地死也不愿在羞愧中活。因此,敌人再多也丝毫不会阻止我,而只会刺激我。因此,以上帝和圣乔治的名义,挥舞起我的战旗吧!我决定出去迎战,即使是我独自一人。"

于是,理查骑着战马,率领大军出约克城,向玛

---

① 理查王子曾被亨利国王任命为诺曼底总督。期间,他与法王和王太子多次交战。——原注

第二章 理查三世的父亲

格丽特王后的营地进军。埃德蒙和他的父亲一同前往。他的老师罗伯特·阿斯佩尔与他形影不离,非常细心地照顾他。玛格丽特王后的大军驻扎在一个叫韦克菲尔德的地方,离约克有些距离。就像通常的内战一样,双方士兵都义愤填膺。战斗非常激烈,但持续时间并不长。最后,理查的军队战败,他本人成了俘虏。埃德蒙试图逃跑,他的老师一直催他快点儿逃命。在逃跑途中,玛格丽特王后的一个贵族——克里福德勋爵截住了他。这个可怜的男孩苦苦哀求饶他一命,但克里福德勋爵没有手软,当场就杀了他。

克里福德勋爵杀害苦苦哀求的埃德蒙。查尔斯·罗伯特·莱斯利(1794—1859)绘于1815年

理查三世

当理查的军队发现大势已去、首领已经被俘时,士兵们如作鸟兽散。战场上死尸遍野。王子本人一被俘,在战场上立即就被缴了械。根据当时的真实记录,玛格丽特王后军队中的所有将领,包括王后本人,都欣喜若狂地围在他周围。

他们把他带到一个蚁丘形成的高地,嘲笑着说,这就是他的王座。他们让他坐在上面,肆意奚落他,讽刺他。他们甚至用草编了个王冠戴在他头上,然后装模作样地在他面前行礼:"万岁!没有王国的国王。万岁!没有臣民的王子。"

极尽嘲笑和羞辱之能事后,体面砍下了理查的头颅,然后把他的头颅叉在长矛尖上献给了玛格丽特王后。王后下令给这个头颅戴上纸王冠,然后将它送到约克城,挂在城门口一根高高竖起的旗杆上。

我们本书的主人公理查就这样失去了父亲。这时他还小,只有八九岁。

第三章

理查三世的童年

精彩看点

小理查的童年生活——关于他出生的离奇传说——理查童年遇到的危险——母亲一生的大起大落——约克家族的城堡和宫殿——丈夫死时塞西莉夫人的状况——塞西莉夫人把孩子们送到欧洲大陆——塞西莉夫人及其长子的状况

第三章 理查三世的童年

正如上一章结尾所提到的,父亲和哥哥死在韦克菲尔德战场上时,小理查还很小。那时他可能只有8岁。很明显,从关于他父母的生平记载来看,坎坷的经历贯穿了他童年和青少年时期。和父亲在一起的时光,无论是快乐的,还是艰辛的、担惊受怕的,都少得可怜,在本书中我们会讲到一些。他的父母一直过着漂泊不定的日子。他们住过太多的城镇和城堡,所以我们不清楚小理查究竟出生在哪里。人们猜测,1452年他可能生于佛泽林盖城堡。他的父亲死于1461年,所以正如之前所说,那时他大约八九岁。

关于理查的身世,有许多离奇的故事。理查成年后,成了一个道德极其败坏的人;于是,人们对他的妖魔化从他还是个躺在襁褓中的婴孩时就开始了。据说,他出生时相貌丑陋，身体畸形，而且头发和牙齿都已经长了出来。这些都被视为他后来暴戾性情的预兆，同样也是他后来犯下种种暴行的预兆。然而，这种说法的真实性是值得怀疑的，最有可能的情况是他出生之时看起来和别的孩子没什么不同。

理查的父亲和哥哥死在了韦克菲尔德之战，在这场可怕的大灾难之前，这个家族就发生过许多跌宕起伏的事。那时，年幼的孩子由谁来照顾？理查心里很清楚，唯一可以托付的只有他们的母亲——塞西莉夫人。年龄稍大的儿子们随他南征北战，一起经历战争的无情，品尝胜利的喜悦。年幼的孩子们和母亲一起过着隐居的生活，时常变换居住地点。但不管他们住在哪里，安全都是最先考虑的因素。

事实上，儿时的理查经历了突如其来的猛烈的家庭巨变，过程之跌宕起伏甚至超过了最传奇的小说。一次，当塞西莉夫人带着理查和其他几个年幼的孩子住在拉德洛城堡时，他丈夫的敌人——兰开斯特家族的人突然出现在城门口。王子的部下还没来得及抵抗，城堡就被占领了。兰开斯特家族的人希望在城堡抓到理查王子本人，但是他当时并不在那里。失望之余，敌人们恼羞成怒，开始报复性地洗劫所有的房间，并

少年时代的爱德华（右）与理查（左）。约翰·埃弗里特·米莱斯（1829—1896）绘于1878年

摧毁一切看得见摸得到的东西。在几间隐秘的内室里，他们发现了塞西莉夫人和她的孩子们。他们立刻抓住他们，把他们当成囚犯带走了。亨利国王下令把他们关在英格兰南部一座城堡严密看管，并没收了王子和塞西莉夫人所有的财产。正当母亲和孩子们凄惨地过着阶下囚的生活时，父亲和年长的儿子们义不容辞地从家中赶来救他们。不到三个月，这些受尽折磨的逃亡者再次出现。他们此时以胜利者的姿态骑着战马穿过乡村，率领着胜利的军队凯旋。塞西莉夫人和她的孩子们重获自由，被没收的财产拿回了，被剥夺的权力恢复了。而亨利国王——原本俘虏他们的人——现在成了他们的俘虏，带着枷锁被押到了伦敦。此时，轮到玛格丽特王后和她的儿子不得不从他们的地盘赶来营救国王了。

这次危机发生后不久，约克的理查王子，也就是理查三世的父亲，就和亨利六世家族进行了激战。最后，理查王子在韦克菲尔德丢了性命，这些在上一章中已经讲过。

当然，在战乱与动荡中长大，见惯了同族人之间残酷无情斗争的理查很小就被家人教导要胸怀大志、勇敢无畏，与敌人搏斗时要不择手段。儿时种在心里的种子，日后结出了最可怕的果实。这些我们会在之后的篇章中讲到。

约克家族拥有许多祖上传下来的城堡，其中许多已经父子相传历经多代。这些城堡有的是坚固的堡垒，通常建在人迹罕至的野外，用来作为临时避难所或军队的集结地。其他城堡则被用作私人宅邸；为了使居住者住得舒适，城堡里建有许多设施。城堡的四周是庄园和草地，住在这里的男女老少都能纵情娱乐。

当她的丈夫北上与王后的军队作战时（也就是上一章我们提到的那场战役），塞西莉夫人和年幼的孩子们就住在伦敦附近一座这样的城堡里。塞西莉夫人的日常饮食起居保持着非常高的规格，因为她觉得丈夫登基为王的日子马上就到了。事实上，在她心里，她早已把丈夫视为真正的、合法的君主。她相信，全英格兰很快就会承认他丈夫的国王身份，到那时她就是英格兰王后了，而她的儿子们会成为万众瞩目的尊贵的王子。她不断把这些想法灌输给孩子们，并且要求侍从对他们一家恭恭敬敬、绝对地服从。

住在伦敦附近的城堡里时，她每天都等待信使从北方回来，为她带回丈夫打败敌人而凯旋的消息。一天，她终于等到了丈夫的消息。当她得知丈夫战败，并且和身边刚刚成年的儿子一起被敌人残忍地杀害的消息后,她顿觉五雷轰顶,陷入了极度的悲痛和绝望之中,而王后——那个她最痛恨的敌人——现在正举着胜利的旗帜,一路高歌向伦敦进发。

形势危急了。此时,塞西莉夫人正带着两个最小的儿子乔治和理查。她能做的只有想办法逃命。幸运

乔治是理查的哥哥。图为乔治的画像。
卢卡斯·科内利斯(1495—1552)绘

第三章 理查三世的童年

的是，当时管辖英格兰和欧洲大陆之间海域的大臣沃里克伯爵是塞西莉夫人的亲友。他当时正在伦敦，痛快地答应了帮助塞西莉夫人出逃的请求。在他的帮助下，塞西莉夫人带着两个孩子和几名侍从秘密地逃出伦敦，一直来到南部海岸。在那里，她把孩子们和侍从送上了荷兰王子的小船。荷兰王子是她的好友，她求他收留两个孩子。王子同意了，就带着两个孩子前往荷兰。登陆后，荷兰王子热情款待了乔治和理查，并把他们安顿在乌得勒支市的一所宫殿，那里很安全。不久，王子就任命他信任的老师和管家来负责他们的教育。从当时的情形来看，他们可能将在那里住上几年。

他们的母亲没有和他们一起去荷兰。她害怕留在英格兰，但原因不是担心自己的安危，而是为她无助的孩子们着想。对她而言，她唯一的想法就是勇敢地去面对危险，并战胜它们。因此，她大胆地返回伦敦，在那里等待即将发生的一切。此外，她的大儿子仍然在英格兰，她不能丢下他不管。你可能还记得，当理查王子北上与玛格丽特王后作战时，他派他的大儿子——马奇伯爵爱德华去英格兰西部召集援兵了。当父亲的死讯传来，爱德华正在格洛斯特。格洛斯特位于英国西陲，靠近威尔士东南边境。现在，既然丈夫已经死了，塞西莉夫人把对未来所有的期望以及复仇的希望全都寄托在她的长子身上。她希望能手把手地教导他，竭力去辅佐他。她的这些计划是如何成功的以及爱德华是如何在她的帮助下很快成为英格兰国王的，将会在下一章讲到。

第四章

爱德华继位

精彩看点

　　爱德华成为王位继承人——爱德华的能力和选择——率军狙击玛格丽特——沃里克——与王后的战斗——沃里克战败——玛格丽特救回丈夫——王后军队的暴行——爱德华乘胜追击——进入伦敦——受到欢迎——伦敦全城沸腾——爱德华采取的行动——民意——百姓拥护爱德华——爱德华正式继位——各种庆典——爱德华率军北上——一场交锋——爱德华胜利进入约克——爱德华葬父——他回到伦敦——母亲的悲痛——乔治和理查的处境——理查的外貌——对当时盔甲的描述——使用盔甲的必要性——昂贵的盔甲——盔甲的替代品——训练——掌握的技艺——枪靶的描述——其他训练和体育运动——踢球——跳铁环——兄弟为伴——理查所受的智力教育

第四章 爱德华继位

如前所述，理查的哥哥爱德华在格洛斯特获悉父亲死亡的消息。这个消息让他的生活发生了巨变。对他的母亲来说，这场巨变不啻是一场巨大的灾难，除了悲伤和愤怒之外，她的心灵已经变得迟钝和麻木。对爱德华来说，在经历了起初的惊讶和悲伤后，他心里反而涌上一丝喜悦和自豪。正如母亲一直告诉他的那样，作为父亲仍然在世的长子，他立刻继承了父亲所有的头衔和权力，同时意味着他成了王位继承人。因此，短暂的痛苦很快被巨大的喜悦所代替。他情不自禁地喊道："现在英格兰的国王是我！"

他的兴奋之情很快感染了他身边的人。他准备率领部队东进，计划在王后去伦敦的路上拦截她的人马，因为他知道，她现在一定正在快马加鞭地向首都前进。

于是，他的部队立即开拔。行进过程中，他发现他的追随者数量在迅速增加。事实上，当王后的人杀害了理查和他的儿子埃德蒙后，他们已经在错误的道路上走得太远了，这不但完全背离了他们的初衷，而且也完全背离了民意。他们如此残酷的行为令百姓非常愤慨。支持约克家族的人并没有被他们残忍的杀人手段吓倒，而是被他们的兽行所激怒。他们都渴望加入年轻公爵爱德华的队伍，帮助他为他的父亲和弟弟报仇。那些之前支持兰开斯特家族的人都心情沮丧，而那些曾经犹豫不决的人现在也下定决心要和王后决裂了。

就这样，玛格丽特的种种倒行逆施使那些曾经的追随者渐渐离她而去。他们的恶行不但没有吓住英格兰人民，反而严重地削弱了作恶者的气焰。

与此同时，在年轻的爱德华率领军队从西边奔赴伦敦拦截王后军队之时，前文提到的塞西莉夫人的朋友沃里克伯爵也在伦敦近郊集结了一支大军，现在他正率领这支军队北上。可怜的亨利国王正和他在一起。名义上，国王是御驾亲征，任何事是由他来发号施令，但实际上他只是一个孤独无助的傀儡，在胁迫下茫然前行——如果他还有一点点理智，能有自己的意愿的

爱德华的画像。绘于 1540 年,作者信息不详

话——他应当率领一支军队去阻止自己的妻子和最好的朋友再次挑起战争。

王后和沃里克伯爵的军队都在朝着对方行进,最终在伦敦北部不远的地方相遇了。双方展开了殊死的较

沃里克伯爵的画像。绘于17世纪,作者信息不详

量。最后王后一方取得了完全胜利。夜幕降临时分,沃里克伯爵发现他的部队被打得溃不成军,战场上的士兵丢盔弃甲,四散而逃,道路两侧躺着数以千计的死伤者。守营的士兵纷纷弃营逃跑,没有时间去拿回

任何东西,甚至连可怜的国王也被留在了那里。王后的一个军官在一顶帐篷里发现了他,此时他身边只跟着一个随从。王后找到了丈夫,自然欣喜若狂。她不仅是因为找到国王感到高兴,而且是因为她现在可以打着他的旗号发号施令了。于是她准备了一份宣言,由国王声明由于之前被人胁迫,所以他和沃里克在一起时做出的决定全部无效。他声称那些决策并非他本人自愿做出,他还宣布爱德华是叛徒,并出重金悬赏捉拿他。

此时此刻,王后再次欢喜激动起来。要不是想到爱德华的部队正从西边向这里赶来,他们之间还有一场恶仗要打,她简直会高兴得忘乎所以。但她认为没有必要害怕这样一个男孩,毕竟爱德华那时只有十九岁左右。所以她率领军队继续向伦敦前进,一路上为自己的胜利而感到得意,为反对者的阻扰而感到愤怒。她的队伍纪律涣散,士兵们一路上的种种恶行举不胜举。他们洗劫村庄,毫不留情地抢夺他们认为属于敌人的财物,做出许多残忍卑鄙的事情。其实,这种情形总是发生在内战中。在对外战争中,军队往往更加容易管理。因为在外国的领土上作战时,士兵们对当地人并无私怨或仇恨,他们往往认为面对侵略者,人们必然会保卫家园，奋起抵抗。但在内战中，每个人都对异己抱有一种特殊的个人仇恨，而在实际交战时，这种仇恨常常会演变成一种难以控制的愤怒。

就这样，王后率领大军前进。他们一路烧杀抢掠，无恶不作，他们的暴行让整个国家都笼罩在一片恐怖的气氛中。他们甚至占领并洗劫了修道院，这简直是一种亵渎神灵的行为。他们的所作所为致使群情激愤。"一群卑鄙的人！"老百姓们听到这个消息都愤愤地说，"在他们眼里没有什么是神圣不可侵犯的。"尤其是伦敦的老百姓，他们非常担心，如果王后的军队占领伦敦，整座城市就会面临被洗劫的危险，所以他们都站出来反对她。一天，王后派遣一队士兵进城去要物资，也许伦敦的当权者认为服从国王发出的命令是他们的义务，于是他们装了满满几辆车的物资，准备送他们出城去。但伦敦人发动了暴乱，把车停在了城门口，拒绝他们出城。

与此同时，爱德华的队伍越来越壮大，他们快速地前进，越来越接近伦敦。最后他和沃里克伯爵率领的残部会合，这是伯爵在和王后较量后仅存的一些人马。此时，王后发现爱德华的力量越来越强大，她不敢和他正面交锋，所以又率军向北方撤退了。爱德华并没有继续追击,而是直接进驻伦敦城。人们为他敞开了大门,把他当作救世主,欢迎他的到来。人们涌上街头,夹道相迎,欢呼喝彩声响彻天空。

的确,面对此情此景,没有人不感到兴奋和激动。这个还不到二十岁的男孩,长相英俊,举止优雅。他带领一支大军来到这片土地,为惨死的父亲和弟弟报仇。而现在他的军队已经进入了首都——那个与他有着杀父弑弟之仇的国王和王后的领地。

虽说爱德华长驱直入进了伦敦,但亨利六世当时仍然是公认的国王。爱德华和他的盟友们坚持认为,爱德华有权统治这个国家,但并没有人敢说他能够越过法律程序而直接登上王座。然而,现在人们都期望亨利能够很快被正式废黜,伦敦周边的人们都对此事感到既兴奋又好奇。许多周围城镇的人每天都会涌入伦敦,大家都想看到点新闻,打听到点线索。每当爱德华出现在公共场合,人们都会涌上街头,渴望能够一睹尊容。

进入伦敦几天后,爱德华的谋士和盟友们认为行动的时机已经到来。他们准备在一片空旷的场地上举行一场隆重的检阅仪式,试图通过这场检阅引起百姓的注意。不出所料,检阅仪式按照预期计划举行了。

理查三世

在仪式进行过程中,两个贵族出现在众人面前发表了演讲。其中一个人的演讲是关于亨利六世的。他谴责了亨利的政府所犯下的罪行、他的政府的背叛行为及其对百姓的压迫。他详细描述了国王的软弱无能,指责他完全没有能力处理任何政务。演讲结束后,他大声问人们是否愿意继续忠于这样一个国王。

亨利六世(右)与爱德华(左),中间人物萨默塞特公爵。
詹姆斯·威廉·埃德蒙·道尔(1822—1892)绘于1864年

人们纷纷大声高呼:"不,不,不!"

接着,另一位演讲者做了一篇夸赞爱德华的演讲。他解释了爱德华应继承王位的合理理由,说他比亨利更有资格当国王。他长篇累牍地歌颂爱德华的个人品质,称赞他勇气过人、精力充沛及其拥有的各种与众不同的美德和成就。发言结束后,他大声问人们是否会拥戴爱德华为国王。

人们大声欢呼道:"是的,是的,爱德华国王万岁!爱德华国王万岁!"

当然,人们这样聚集在一起拥立某人为王是没有法律效力的。当时的英格兰是君主制国家,在一个众人聚集的检阅仪式上随便推举某人为王,无论如何都不能被视为是有效的。这个仪式只是想公开宣布爱德华想立刻夺取王位。

第二天,英格兰所有的贵族和国家官员召开了一次大会。会议通过了一项法令,宣布由于国王亨利六世近来的所作所为,他已被罢黜,并正式宣布爱德华为新国王。随后,按照事先安排好的,爱德华立刻骑在马上,率领皇家骑兵队伍来到威斯敏斯特宫。在那里,在众多臣民的见证下,他登上了宝座。接着,他坐在王座上发表了一篇演讲,解释了他的世袭继承权的来龙去脉,并宣布他将坚决维护自己的权利。

然后,国王来到威斯敏斯特教堂,在那里又举行了一次同样的仪式。同一天,伦敦各地都公开宣布承认他为国王。

此时，爱德华的内心激情荡漾，现在他迫切想要再次出发，率领军队一路向北追击王后和老国王亨利六世。此时，他们已经去了约克。王后不但需要照顾国王，还要照料八岁的儿子威尔士亲王。因为年轻的王子是兰开斯特家族的王位继承人，所以除了国王和王后，爱德华同样非常渴望抓到他。于是，爱德华率领五万大军快马加鞭地出发了。王后的军队当时已驻扎在约克附近，约有六万人马。

双方积怨已深，都渴望决一死战。爱德华下令他的部队奋勇杀敌，不留活口。两军在一个叫陶顿的地方相遇，接着战斗就在暴风雪中打响了。两军从早晨九点厮杀到了下午三点，王后的军队被打得落荒而逃。爱德华的士兵们沿路追击，一抓到敌军，就毫不留情地屠杀他们。最终，尸横遍野的战场上留下了近四万具尸体。

王后带着丈夫和孩子一路向北逃窜。爱德华胜利地进入了约克城。在城门口，他发现先前由王后竖立的那根挑着他父亲和弟弟头颅的杆子仍然立在那里。眼前所见使他愤怒至极，他恭恭敬敬地取下了两颗头颅，换上了两个他砍下的囚犯的头颅。我猜想如果他

上面两幅雕版画描绘了陶顿之战的场景。第一幅为爱德华四世率军激战；第二幅图为陶顿之战中阵亡的士兵

那时抓住了国王和王后，他一定会把他们的头砍下来挂上去。但是他没能逮到他们。他们逃往北方的苏格兰边境，而且最后逃脱了。

此时，爱德华决定不再继续追赶，因为在伦敦还有更重要的事情等着他去做。他已经取得了战争的胜利，敌人被他打得落荒而逃，而他也要回到首都。对于这一切，他感到心满意足。他首先把父亲和弟弟的遗骨收集在一起，在约克附近的一处家族城堡中举行了隆重的葬礼安葬他们。但这只是暂时的安放之处。一旦一切尘埃落定，他们的遗骨会被再次挖出，他会再次举行盛大的葬礼将它们运回英格兰南部的最终安葬之处。

一到伦敦，爱德华首先派人接回了自己的两个弟弟乔治和理查。大家也许还记得，他们两人被母亲送到了荷兰，当时正住在乌特勒支接受教育。他们是爱德华唯一活着的两个兄弟了。不久之后，他们就回到了伦敦。失去了丈夫的母亲看到他们兄弟安然无恙，在祖国再次团聚，心中既忧伤又欣慰。但一想到丈夫的死，她刚刚振作的心情就消沉了下去，丧夫之痛让她无法控制自己的情绪。丈夫的死对她来说不啻是一个致命的打击，她的那些雄心勃勃的计划和抱负都随

第四章 爱德华继位

之化为泡影了。尽管她现在成为了国王的母亲，但她却永远不可能成为王后了。整日郁郁寡欢、心灰意冷的她搬到了伦敦附近的一个城堡居住。这个城堡是约克家族的财产，大多数时间她一个人住在那里，过着与世隔绝的生活。

男孩们从小就生活公众的关注下。就在爱德华加冕的当年秋天，他们都被封为公爵。除了举行隆重的册封大典和游行外，国王还赏赐了与他们的头衔、地位相称的丰厚财产。乔治被封为克拉伦斯公爵，理查被封为格洛斯特公爵。从那时开始，人们基本上就以封号来称呼他们了。

国王还指派了合适的人来照顾两个男孩。一方面负责他们的教育；另一方面帮他们打理财产，直到他们成年。

那时，民间有许多关于理查的相貌和性格的传闻。在他死后很长一段时间，人们都认为他打小就是个丑陋的小怪物，见到他的人都会望而生畏。事实上，成年之后的他的确相貌可憎，但据在幼年时见过并认识他的历史学家和传记作家说，他小时候是一个可爱的孩子，就是身材比较矮小、身体有点儿虚弱，但他的容貌还是很帅气的。负责照顾他的人曾经让他参加军事训练来增强他的体格，还经常给他穿上当时士兵穿着的沉重盔甲来锻炼他。

当时的盔甲是由铁打造的。它由很多零散的铁片组成，当全部穿在身上时，几乎会包裹整个身体，这样就能抵御来自外界的所有攻击。首先，盔甲里包括一个头盔，或者是一顶铁制的帽子，它从上而下垂下大片的椭圆形铁片，可以起到保护耳朵的作用。接着是护喉甲。顾名思义，它是一种能够保护颈部的领子。然后是保护肘部的护肘甲以及保护肩部的肩板。还有就是保护前胸的胸甲或盾牌，以及保护大腿和小腿的护胫甲。这些装备在当时是非常有用的，它们提供了非常有效的保护，能够抵抗当时所有的常规武器。但它们也让武士们变得非常笨重且行动不便，极大地影响了他们在战场上的灵活性。沉重的盔甲确实是有一定好处的，比如当骑在马上的骑士与敌人相遇时，沉重的盔甲除了能充当很好的保护，也会对敌人产生更大的威慑力。但一旦他不小心掉下马来，他也会被盔甲所束缚，很难从地上站起来。除非他的战友能够赶来救援，否则他就只能孤立无援地躺在那里等死了。

所以，要驾驭这些钢铁铠甲，不但需要强壮的体格，还需要经过长时间的刻苦训练。对于理查那个时代的贵族青年来说,熟悉如何使用盔甲以及习惯它的重量是他们平时学习的内容之一。那时有专门为男孩量身定做的盔甲,尺寸和重量都符合穿戴者的体型和强壮程度。今天仍然有许多这样的盔甲保存在英格兰,在伦敦塔里就能够见到几件。它们被存放在伦敦塔的

一幅雕版画:18世纪的伦敦塔

马匹军械库里。那里是一个大厅,里面有许多骑士骑着战马的雕像。他们每个人都全副武装,穿着货真价实的盔甲。这些盔甲在历史上都是有主人的。马匹按照时间顺序沿着房间两侧排开。这些从简陋到繁复的盔甲真实地记录了那个冷兵器统治下的蛮荒时代。

这些盔甲价值昂贵,因此每当穿上它们时,他们的主人,这些男孩,都会感到既得意又自豪。尽管这

种盔甲穿在身上非常沉重并且很不舒服,但男孩们却很愿意穿着它们进行军事训练。铁制盔甲价格不菲,只有年轻的王子和贵族们才能穿得起。对其他年轻人来说,市面上也有很多这种盔甲的替代品。但无论是穿着真正的盔甲还是其替代品,都需要接受大量的训练,做各种各样的练习。当男孩们到了一定年龄,他们就要开始学习如何穿着很重的盔甲、手上拿着沉重的武器从马上跃起、赛跑,还要练习尽可能长时间地用战斧或棍棒快速连续地发动攻击,就像正有一个敌人躺在地上,他们需要不断地抡起武器,把他的盔甲打成碎片。他们还要学习如何穿着盔甲跳跃、翻跟头,如何从地上一跃而起从另一个人身后跳上马,然后只用一只手调整身体等等。有一项必学的技能是学习如何从两面距离很近的隔断墙中爬上来,这要求他们用背部抵着一面墙,再用膝盖和手抵住另一面墙。另外还有一项必须掌握的技能是学习如何只用双手从反面爬上梯子。

  还有一项很有名气的训练项目,或者说是游戏,是使用枪靶来完成的。枪靶由一根立在地上的大约有10到12英尺高的结实的杆子组成。它的顶端有一根坚固的横杆,用来开启顶部的支轴,这样转轴就可以一圈圈地旋转了。横杆的一端固定着一个正方形的木板做靶子,另一端则挂着一根很重的木棒。横杆就那样放置在中间的支轴上,它可以很轻松地移动。游戏开始时,比赛者们骑着马一个个地从横杆的靶子下方经过,用力朝靶子扔出手中的长矛。如果长矛打到靶子,横杆上的靶子这头就会开始旋转,同时带动另一头沉重的木棒转起来。如果马上的人没有立刻躲开的话,就会被木棒打中头部。这就好比在作战时士兵正在迎战一个敌人,而同时身后又有另一个敌人准备伺机从背后偷袭他。

时至今日,仍然有一个古老的枪靶竖立在肯特郡奥弗姆当地村庄的田地里。

当然,这样的训练只适合男性,或者至少是体格力量快接近成年人的男孩。除此之外,也有一些适合小男孩的游戏和运动。古书中有一些关于这些古老游戏的简单插图。在其中一幅图里,男孩们正在踢球。另外一幅图里,他们正在打板羽球[①]。他们使用的球拍做工是非常粗糙的。

这些插图告诉我们这些普通的游戏历史有多悠

[①] 板羽球是以木板拍击羽球的一种球类运动。——译者注

久。在另一张图里，男孩们正在玩铁环。两个男孩把铁环从他们中间高高举起，另一个男孩正准备头朝前从铁环中间跳过去。他打算跳过去双手先着地，然后翻一个筋斗，这样就能稳稳地站起来了。

无论在运动娱乐时还是在日常生活中，理查都有一个玩伴和朋友，那就是他的哥哥克拉伦斯公爵乔治。乔治不仅比理查年长，也比他更健康和热爱运动。有人认为理查曾经自残，这也许在一定程度上加重了他日后的畸形，或者他的畸形完全就是由他自己造成的。因为他总是试图在这些运动中和他的哥哥并驾齐驱，所以过于透支自己的身体。他总是穿上沉重的盔甲，或过度地运动，而这些已经超出了他身体的承受能力。

男孩们的教育并没有完全被忽视。他们学习读和写，虽然他们不会写很多字或者写得很好。至今仍然能够在一些保存至今的古老文件中看到他们的签名。

从哥哥爱德华登基之时起，理查便一直住在家族的城堡里接受教育，直到十四岁。那时爱德华国王二十四岁，克拉伦斯公爵大约十七岁。

第五章

造王者沃里克

精彩看点

理查在他兄长统治下的处境——玛格丽特跌宕起伏的一生——约克家族的代表——待嫁女孩的价值——沃里克成为爱德华的首相——三大家族——安茹的玛格丽特的命运——逃亡法国——策划新的远征——玛格丽特战败与被迫逃亡——她在海上遇到巨大危险——躲起来的国王——国王成为阶下囚并被送往伦敦塔——残酷的惩罚——士兵们的愤怒——伊丽莎白·伍德维尔的介绍——爱德华初遇伊丽莎白——秘密的婚姻——婚事渐渐浮出水面——沃里克伯爵恼羞成怒——爱德华四世的古老画像——伊丽莎白·伍德维尔王后的画像——乔治和理查——王后被公众认可——婚事带来的各种麻烦和纠纷——对王后的亲友心怀嫉恨——亨利及其家族的境况——约克的玛格丽特——玛格丽特婚姻的各种计划和行动——查尔斯伯爵获胜——沃里克的烦恼——矛盾升级——暂时和解——新的联姻计划——爱德华不快——他没能阻止婚礼——在加来举行的结婚典礼

第五章 造王者沃里克

哥哥爱德华四世开始执政时,理查只有八九岁。爱德华的统治持续了二十年——除了中间曾有过短暂的中断,原因会在后面讲到。所以,理查生命中很重要的一段时期,也就是从他大约十四岁到他大约三十岁的这段时间,他都是哥哥的一名臣民。的确,他是一个王子,并且是王国里地位最尊贵的王子——他是王位的第三顺位继承人——哥哥克拉伦斯公爵乔治比他年长,所以自然排在他前面。尽管是无比高贵的王子,但这两个年轻人依然要臣服于国王。他们要服从兄长爱德华的权威,侍奉他并遵从他的意志,奉他为至高无上的君王。然而除了国王之外,他们是整个王国中地位最高的人物。从这个时候起,乔治通常被称为"克拉伦斯",而理查则被称为"格洛斯特"。

爱德华登基之时，玛格丽特王后和老国王亨利六世被逐出国家逃往北方。读者们可能会对他们逃亡之后的境况感到好奇。当时，他们看起来似乎已经前途尽毁，但他们的再次崛起注定会成为另一个惊心动魄的故事，这是一场命运的惊天大逆转，为几乎所有的名门望族在约克和兰开斯特家族的整个斗争过程中书写下了不平凡的一笔。在他们被驱逐，也就是亨利和玛格丽特无望地逃亡了大约十年之后，胜利女神终于和他们站在了一起，王权再次易主。这一次轮到爱德华本人被屈辱地逐出了英格兰。如果把这件事的来龙去脉讲清楚，简直可以写成一个相当戏剧性的故事。

为了让读者更清楚地了解这个故事，我将首先列举几个其中涉及的主要人物，并简要地为读者介绍他们各自的身份以及他们彼此的关系。

首先是亨利六世家族，包括他和他的妻子玛格丽特王后以及他们的幼子威尔士亲王爱德华。这个男孩随父母逃亡的时候大约只有八岁。上一章我们讲到他们为了逃命，去了苏格兰边境，把英格兰拱手让给了爱德华和他的军队。

在这场王位争夺战中，亨利和他的幼子威尔士亲王当然代表着兰开斯特家族一方。

第五章 造王者沃里克

约克家族的代表首先是爱德华,作为国王,他被称为"爱德华四世"。其次是他的两个弟弟乔治和理查,他们被称为"克拉伦斯"和"格洛斯特"。如果爱德华结婚并且生下儿子的话,那么他的儿子将会继承王位,乔治和理查将不再有继承权。但是假如爱德华死后无子嗣的话,那么乔治将成为国王。假如乔治死后也无子嗣,那么理查将会成为国王。因此,现在的情况是,乔治和理查是王位的假定继承人。他们自然希望兄长爱德华永远不结婚。

除了这两个仍然活着的兄弟之外,爱德华还有一个妹妹,名叫玛格丽特。玛格丽特比国王爱德华小四岁,比理查长六岁。此时她大约十七岁左右。那个时候,王室中这样一位

图为约克的玛格丽特

妙龄少女会被视若珍宝,因为通过将她与别国王子联姻,国王常常能够达到自己的政治目的,甚至能够以

此来进一步巩固自己在别国的利益。

  这位年轻的小姐,也就是爱德华的妹妹,也叫玛格丽特,与老国王亨利六世的王后同名。为了便于区分,人们通常叫她"约克的玛格丽特",因为她来自约克家族。玛格丽特王后则以她的出生地命名,被称为"安茹的玛格丽特"。

  接下来要登场的一个重要人物是沃里克伯爵。你应该还记得,在乔治和理查的父亲死后,塞西莉夫人想要把他们送走,沃里克伯爵当时恰巧掌管着英格兰和欧洲大陆之间的海峡,正是在他的帮助下他们才出了海。那时他手握大权并且在政治上有巨大的影响力,加上他正值壮年,性格也随和,使他如虎添翼,在他待人处事时展现了巨大的优势。没有他,爱德华就不可能打败兰开斯特家族。他非常清楚,如果沃里克和他的支持者抛弃了爱德华,爱德华的王位也就不保了。的确,沃里克的"造王者"称号并非浪得虚名。在这场斗争中,很多时候只要他愿意,他可以轻而易举地搞垮一方,扶植起另一方。他来自于内维尔家族,一个相当有势力的大家族。爱德华刚一登上王位,沃里克便理所当然地成为首相,他的一个兄弟也被任命为议长。还有许多重要、尊贵的职位也都由内维尔家族的成员担任。事实上,虽然爱德华是名义上的国王,但在某种程度上,人们也许会问究竟是约克家族还是内维尔家族在统治英格兰。

沃里克伯爵有两个女儿伊莎贝拉和安妮。正如爱德华眼中的妹妹玛格丽特一样,这两个女儿也被伯爵

沃里克伯爵的女儿伊莎贝拉

视为最重要的政治资源。通过将她们与权贵联姻,他可以巩固联盟,拓展势力。如果有可能的话,他还想

理查三世

把其中一个女儿嫁给英格兰国王,或者嫁给日后有希望当国王的某个王子。

至此,我们已经认识了正在讲述的这个故事涉及的三大家族。首先,兰开斯特家族的代表,软弱的亨利六世、精力充沛且意志坚强的安茹的玛格丽特和他们的幼子威尔士亲王;其次,约克家族的代表,国王爱德华四世、他的两个弟弟——克拉伦斯公爵乔治和格洛斯特公爵理查以及国王的妹妹玛格丽特;再次,处于这两派之间的沃里克伯爵和他的两个女儿——伊莎贝拉和安妮。他们代表自己那个势力巨大的家族,影响力渗透到王国的每寸土地。只要他们愿意,他们足以扶持任何人称王。

现在,我们准备跟随玛格丽特王后和他的丈夫及

安茹的玛格丽特与威尔士王子的大理石雕像,位于法国巴黎的一处公园里

儿子,看看在爱德华四世将他们打败并即将登上王位之时,他们向北逃跑时的情况。在几位随从的陪伴下,她带着国王和小王子飞快地逃命,直到越过边境,安全进入苏格兰。苏格兰人支持她的事业,帮助她集合起了新的军队。她带着新的人马,尝试对英格兰发动了一两次突袭。但她很快发现这样做没有什么意义,所以在浪费了一些时间尝试无果后,她和国王、王子一起离开苏格兰,去了法国。

到了法国,她便与法国国王和欧洲大陆其他国家的王子、君主展开了谈判,想借此筹集军队和资金再次进攻英格兰。起初,这些国家都拒绝伸出援手。他们说他们的国库也已枯竭,而且同样缺乏人手。最后,玛格丽特答应法国国王,如果他能给她一支舰队和一支军队助她夺回丈夫的国家,她将会把加来拱手相送。虽然加来位于法国海岸,但当时由英格兰占有。这个提议非常诱人,因为加来不但是一个绝佳的要塞,还是一个军事重镇。无论对于英格兰还是法国来说,它都是一个非常重要的地方。

国王同意了这个提议。他装备了一支舰队,又准备了一支军队,随玛格丽特和国王以及王子启程驶向了英格兰。她计划在英格兰北部靠近苏格兰边境的地方登陆,因为她知道比起南方人,那里的人对兰开斯特家族的人更友好。她一登陆便有许多人加入她的队伍,接着她成功地占领了几座城堡和小镇。之前所说的已经被爱德华任命为首相的沃里克伯爵立即率领两万精锐北上迎战。两军遭遇后,法国士兵完全没有招架之力,顷刻便溃不成军。败军急忙向船上奔逃。但只有大约五百人成功地逃到了船上,另外五百人则被当场斩杀。玛格丽特因为安顿国王和王子而耽误了逃跑。她决定不再带他们一同回去,于是将他们秘密送到了威尔士。她准备独自一人返回法国,看看还能不能找到援兵。她开始拼命逃跑,追兵则在后面紧追不舍,在这命悬一线的最后关头她终于回到了船上。她刚一登船,舰队便起航离开。王后几乎保住了所有从法国带来的金钱和物资,她希望留着它们,有朝一日再卷土重来。但是,舰队还没靠岸就遇到了一场可怕的风暴。所有的船只都狠狠地撞在岩石上,成了碎片。金钱和物资都遗失殆尽,许多船员溺水而死。玛格丽特和船长侥幸得以逃生。当风暴过后,他们坐着一艘在岸边找到的破渔船成功地逃到了贝里克郡。

很快,玛格丽特带着船长以及一小队仍然坚持跟随她的效忠者再次回到了法国。

第五章 造王者沃里克

然而,她的到来所引起的动荡却没有立刻随着她的离去而停止。英格兰的兰开斯特党人得知她回来的消息后都激动万分,很多人又开始蠢蠢欲动。接下来的两年中,叛乱频发,战争不断,许多人因此而丧生。期间,亨利国王始终过着隐居的生活,有时在威尔士,有时又在威斯特摩兰的湖区和山中。他被追随者们秘密地从一个地方转移到另一个地方,只有很少的人才知道他的去向。就这样持续了两三年。最终,有一次当国王的朋友们准备偷偷地把他送到约克郡的某个城堡时,一个敌人看到并认出了他。他们立即制定抓捕他的计划,并且争取一抓即中。一天,当国王正在吃晚餐时,敌人闯入了城堡,控制了他。国王被突如其来的袭击吓坏了。逮捕他的人和那些等在那里准备接应的人马上带着他们的囚犯一刻不停地奔向伦敦。爱德华国王把他关进了伦敦塔,他被囚禁在那儿很长时间,一直被严密看守。

亨利国王活了下来,但许多帮助他复位的支持者们都被逮捕,并以最残忍的方式被处死。爱德华下令杀死所有的领头者。据说,在战斗结束后,爱德华国王会带着一队人马在战场上骑着马仔细查看,如果发现有受伤或耗尽力气无法动弹的贵族,就会杀死他。

但如果这人是普通士兵，他会饶他一命。有时，当某个特别令他厌恶的人落到他手上时，他会用最残酷和可耻的方式杀死这个人。曾经有一位有名的骑士被沃里克俘虏，他被带到了国王爱德华面前。碰巧当时爱德华正在生病，于是爱德华下令用最残忍的方式百般折磨他。他先是被带到大街上，一个厨师把他的马刺从他的脚上砍了下来。对于一个骑士来说，这简直是奇耻大辱。然后，他的外衣袖子被扯下来，而另一件外套被里外颠倒着套在了他身上。接着，他被迫赤脚走到镇子尽头，躺在地上被连拖带拽地拉到了行刑的地方。在那里，他的头搁在垫头木上，被一把宽斧砍了下来。

这些事实反映了在整个王国内部，约克家族和兰开斯特家族之间有着多么大的仇恨。为了更好地理解我们将要讲到的这件不同寻常的故事，弄清它的前因后果，了解这一点是很有必要的。

兰开斯特家族有一个叫约翰·格雷爵士的骑士，在两大家族内战的一场大战中，他被杀死了。除此之外，他的爵位和财产也被剥夺——这是他被指控犯了叛国罪而受到的惩罚。他的财产统统被没收，妻子和孩子一夜之间变得一无所有。他的妻子叫伊丽莎白·伍

爱德华国王处死参与叛乱的骑士。
出自一部古代手稿,绘于 15 世纪

理查三世

德维尔,她的父亲理查·伍德维尔爵士是一名贵族骑士,母亲名叫杰凯塔。丈夫丧了命,财产也被全部没收,一无所有又伤心欲绝的伊丽莎白回到了她父母在格拉夫顿的美丽的庄园里。当时她十分年轻,而且相貌出众。

机缘巧合的是,一天爱德华恰巧路过此地,并去庄园拜访杰凯塔夫人。这次拜访究竟是偶然,还是杰凯塔夫人有意设计,我们不得而知。但不管怎样,美丽的寡妇伊丽莎白就这样见到了国王。她跪倒在他的面前,乞求他看在她无辜可怜的孩子的份上,撤销对

伊丽莎白恳求爱德华国王撤销对丈夫的惩罚。出自15世纪一部手稿

第五章 造王者沃里克

他丈夫的惩罚,归还他的财产。国王被她的美貌和忧伤的神情深深地打动了,看着她楚楚可怜的样子,他很快爱上了她。但国王想娶她为妻几乎是不可能的。首先,伊丽莎白的地位远远低于国王,更糟的是,她来自兰开斯特家族,是国王不共戴天的仇人。国王深知他们的结合将会使他的支持者们愤怒万分。而且如果他们知道这是他经过深思熟虑才做出的决定,他们会反抗到底。一时之间,他不知该如何是好。最终不难猜出,他对这个漂亮寡妇的爱战胜了理智。他们秘密地结婚了,婚礼是在 1464 年 5 月的一个早晨秘密地举行的。

爱德华国王与伊丽莎白的婚礼。出自15 世纪一部手稿

整个夏天,婚礼的秘密一直守着。国王认为,向各位大臣和贵族们吐露真相应该从缓,他要有时间将他们一一说服。这样一来,在不会一下子引起任何轰动的情况下,这件事会被众所周知。秋天即将到来时,他终于做好了准备,并公开承认了这桩婚事。

尽管国王的婚姻并未遭到公开反对,但私下却激起了人们强烈的愤慨。低声的诅咒、谩骂不绝于道。当然,国内所有的大家族,只要在内战中站在爱德华这边的,同时家中又有待嫁的女儿的,都一直满怀希望并处心积虑地想同国王结亲。那些没有适婚年龄女儿的家族也都打着自己的小算盘,或支持他们的亲朋好友,或想方设法和法国、勃艮第或荷兰的某个公主跨国联姻,只要这种关系能够对他们的政治有所助益就可以。沃里克伯爵似乎属于前者。之前已经说过,他有两个女儿,他自然希望如果国王要选一位英格兰女子做妻子的话,他应该在自己的两个女儿中选择一个。所以现在对国王的所作所为他比任何人都恼怒。他把他的想法告诉了克拉伦斯,但是却没有让国王看出他的不满。克拉伦斯当然对伯爵表示同情。为了自己的利益,他早已准备好对任何与国王婚姻有关的事表示不满。因为作为王位第二继承人,他希望哥哥根本不要结婚才好。

然而，伯爵和克拉伦斯认为暂时还是不要表明态度反对这桩婚事，所以他们随即出席了王后的公开见面仪式。众多贵族、主教和贵宾受邀前来，伊丽莎白被正式地介绍给众人。在所有在场的宾朋中，沃里克伯爵和克拉伦斯的地位最高。他们牵着她的手，领着她，将她介绍给各位贵族和夫人，这些人对她的到来致以长久热烈的掌声。

这次盛大的见面仪式后不久，王后得到了一笔数目可观的赏赐用于她的吃穿用度，好让她能够像贵族一样开始体面地生活。

第二年年初，王后盛大的加冕仪式开始筹备。许多外国王子都受邀前来观礼。为了表示敬意，有些王子还带来大批骑士和随从。加冕仪式在五月举行。王后坐在由装饰华丽的马匹驼着的敞篷轿子里，在游行队伍的簇拥下从伦敦的街头经过。游行队伍经过的地方都有大批市民沿街等候。第二天，加冕典礼在威斯敏斯特教堂举行。典礼结束后，又举办了各式各样的游戏、宴会、比赛和公众庆祝活动。欢庆活动持续了好多天。

迄今为止，所有事情至少表面看来都进行得一帆风顺。但在加冕典礼举行后不久，许多问题随之而来，而且这也是许多人之前预料到的。新王后很有野心，她渴望让她的好友进入宫廷并被委以重任。国王当然也乐意听取她的建议，但问题是她所有的朋友都来自兰开斯特家族。这些人很乐意改变自己的政治立场变成约克党人，因为这样一来，荣华富贵就唾手可得。不过，当国王的老友们发现重要的职位被一个接一个地夺走，转而给了他们痛恨的敌人时，他们怒不可遏。

除了政治上的纷争之外，约克家族的许多联姻计划也遭到了得势的王后家族的插手和破坏。碰巧王后有五个未出嫁的姐妹，于是她开始谋划，想把这五个姐妹都嫁给这个王国里地位最尊贵的贵族。有些人原本已经想把女儿嫁给这些人家，这自然打乱了他们的计划，使他们大失所望。眼看着五个优秀的贵族继承人就这样从他们女儿的结婚候选人名单上消失，反而去助长宿敌的力量、提升他们的威望，约克家族的这些人打心眼里感到愤怒。

就这样，人们分裂成两大阵营。王后和她的家人、朋友——伍德威尔家族和格雷家族——以及他们所有的支持者形成了一派，而以沃里克伯爵为首的内维尔家族和绝大多数的老约克贵族形成了另一派。克拉伦

伊丽莎白王后的画像。绘于1471年,作者信息不详

斯加入了沃里克一方,而理查,也就是格洛斯特,选择和国王站在一边。

这样的局面维持了两年。虽然私底下双方相互仇恨、口角不断,但并没有爆发公开的斗争。宫廷内部也被分成了两大阵营或是两大派,他们都对对方恨之入骨,但是表面上却都装作支持爱德华国王是国家唯一的合法君主。他们争夺的是国王之下的荣誉和权力。此时,仍然忠于老兰开斯特家族和亨利国王以及威尔士亲王的人已经在宫廷里销声匿迹了。他们隐退到自己的城堡,整日满怀忧思地哀叹家族的衰败,也满怀期望地盼着有朝一日能再次崛起。亨利被囚禁在伦敦塔里,玛格丽特和威尔士王子则远在欧洲大陆。他们和他们的拥趸正在隔山观虎斗,密切关注着沃里克伯爵一派和国王一派之间的矛盾,希望他们的罅隙能够越来越大,并最终决裂。那样的话兰开斯特家族就有可能得到沃里克的帮助而重新执掌大权。

现在另一个新情况又发生了,进一步加深了双方的隔阂。这件事源于国王的妹妹约克的玛格丽特的婚事。爱德华国王和沃里克伯爵在她的婚姻问题上出现了分歧。欧洲大陆上有一位查尔斯伯爵,他是勃艮第公爵的儿子和继承人。这位伯爵希望和约克的玛格丽

第五章 造王者沃里克

特联姻，而伯爵的家族曾和约克家族为敌，并且竭力帮助过玛格丽特王后。但当他们发现爱德华已经牢牢地坐稳了王位之后，便转而与国王和好，并提出迎娶玛格丽特公主的请求。但是一向固执的老沃里克伯爵并不欣赏这样的友谊，所以他建议国王拒绝伯爵的请求，选一位法国王子做玛格丽特的丈夫。

但是，爱德华国王却倾向于选择查尔斯伯爵做玛格丽特的丈夫，这主要是因为王后看重查尔斯和兰开斯特家族之间的老交情，所以更加偏爱他。除此之外，

少年时代查尔斯伯爵与父亲勃艮第公爵接见使者。罗吉耶·万·德尔·魏登（1399—1464）绘于 1447 年

在他父亲去世后，查尔斯将会继承佛兰德斯地区的统治权。这里地处要塞，地理位置相当重要。对爱德华来说，与他们联盟将比与法国结盟具有更明显的政治优势。但是尽管如此，沃里克伯爵仍然态度强硬地坚持己见，以至于最终爱德华还是屈服了。于是伯爵被派往法国商洽公主与法国王子联姻之事。

  沃里克伯爵启程前往法国的阵仗十分壮观。他带着大批随从在诺曼底登陆，然后摆出了皇家出巡的阵势前往巴黎。为了欢迎他的到来以及表现对联姻之事的重视，法国国王亲自出面迎接他。双方在鲁昂进行了会晤，法国国王对联姻一事表示非常赞同。谈判进行了八到十天，最终一切事宜都安排妥当。很快进行到了双方约定的最后一步，法国国王必须派出一名信使前往伦敦。国王任命了一位大主教和几位教会内部的重要人物来执行这项任务。在这之后伯爵回到了英格兰，很快法国的使节也到来了，他们以为所有的重要事情已经敲定，剩下的只有一些细枝末节了。

  但是，正当一切工作在法国进行时，查尔斯伯爵悄悄地派出一名大使来到英格兰，再次表明他想与公主联姻的愿望。这位信使很会办事，他在暗中运作，丝毫没有引起公众的注意。此外，由于伯爵不在，这

第五章 造王者沃里克

时伊丽莎白王后便毫无顾忌地在丈夫耳边吹风。爱德华终于被说服,答应将玛格丽特嫁给查尔斯伯爵,并签订了婚约。所以,当伯爵和法国使者回到英格兰后,他们吃惊地发现,有一个既是对手又是敌人的人在他们离开的时候已经捷足先登,赢得了这桩婚事。这让他们惊讶之余也失望透顶。

在得知自己被欺骗之后,沃里克伯爵大发雷霆。他说这是对他的羞辱和玩弄。爱德华没有试着安抚他,事实上,此时任何的安慰都是徒劳的。伯爵离开了宫廷,回到了他的一个城堡里,怀着极大的愤懑开始闭门不出。

双方的分歧此刻开始释放出一股紧张的空气。爱德华怀疑伯爵在背着他密谋什么,担心他在暗中谋划,帮助兰开斯特家族复辟。爱德华对自己的人身安全感到非常担忧。于是他将沃里克的所有亲朋逐出宫廷。每当他出现在公众场合时,都有一个强壮的保镖贴身保护,好像他认为随时都有人想要他的命似的。

最终,伯爵的幼弟,当时的约克大主教介入,希望双方握手言欢。限于篇幅,我们这里不再展开描述当时谈判的细节,但结果是双方维持了暂时的和平,伯爵重返宫廷,重掌大权。但他和国王并没有真心和解。爱德华忌惮伯爵的权力,也不喜欢他那种刻板、严肃的性格。而伯爵凭借自己在王国中的权势和影响力,不断地横加干涉爱德华和伊丽莎白的计划。

爱德华和伊丽莎白那时已经结婚一段时间了,但他们还没有儿子,也就是说,他们还没有继承人。在当时的英格兰,女儿还没有继承王位的资格。所以那时爱德华的二弟克拉伦斯仍然是王位继承人。在这种情形下,兄弟间的疑忌之心与日俱增,克拉伦斯与爱德华渐渐疏远,反而和沃里克伯爵越走越近。最终,克拉伦斯于1468年宣布与沃里克的长女伊莎贝拉结婚。国王和王后听到这个消息后大为光火,同时又非常恐慌。如果这两人真的结合,克拉伦斯和沃里克的势力将会合二为一,他们的力量从而比以前强大得多。当两人完婚后,每个人都会说:"现在,一旦爱德华去世,这是随时都可能发生的事,伯爵的女儿就会成为王后。那时伯爵将会权倾天下,地位将会变得无比尊贵。因此趁着这一切还未发生,我们必须马上和伯爵成为朋友,这样才能提前获得他的青睐。"

因为预见到了这场婚姻将会使伯爵权势大增,爱德华国王和王后自然想方设法地阻止。但他们的尝试失败了。伯爵下定决心要将女儿嫁给克拉伦斯。但是

卡迪夫城堡玻璃窗上的克拉伦斯公爵

由于宫廷内部的反对声太大,所以他们没能在伦敦举行婚礼。结婚典礼选在加来举行,那里是伯爵的地盘。国王和王后则留在伦敦没有出席婚礼,并且毫不掩饰自己的恼怒与不满。

第六章

约克家族的衰落

精彩看点

叛乱——国王前去平叛——叛军被镇压——握手言和——国王受惊——矛盾升级——再次和解——新的叛乱——沃里克公开与国王宣战——沃里克和他的党羽无法登陆加来——困在海峡中的沃里克一行人——登陆阿夫勒尔港——沃里克与玛格丽特王后的奇怪协议——引诱克拉伦斯背叛沃里克的企图——爱德华毫不畏惧——勃艮第公爵——玛格丽特王后渡过英吉利海峡——远征军登陆——军队被接纳——爱德华遭到拥趸的背叛——爱德华逃出英格兰——困难与危机——他的母亲逃走——爱德华的儿子与继承人出生——亨利国王复辟

第六章 约克家族的衰落

爱德华原本就很担心沃里克可能会暗地里帮助兰开斯特家族复辟,而此时英格兰北部又突然爆发了叛乱,这使爱德华更加担忧。沃里克和克拉伦斯又恰巧不在伦敦,他们正在加来,克拉伦斯和伊莎贝拉的婚礼正在那里举行。叛乱分子的目的不是为了帮助兰开斯特家族复辟,而是要求把王后的亲信从议会中清除出去。国王集结了一支去北方平叛的军队。然而,士兵们早已对他心怀不满,所以完全不听从他的命令。眼看着就要与叛军遭遇,他的士兵却纷纷逃走了。无奈之下,爱德华和他们一起逃到了诺丁汉城堡,他把自己关在城堡里,十万火急地写信请求沃里克和克拉伦斯前来救援。

沃里克并没有立刻响应。收到消息后,他有意耽搁了一阵子，然后才和一名军官带兵从加来出发前往诺丁汉。很快，国王被救出来，脱离了险境。与此同时，他也平息了叛乱。但在这之前，叛军已经抓住了王后的父亲和她的一个兄弟，而且已经砍了他们的头。

一幅雕版画：早期的诺丁汉城堡

与此同时，兰开斯特党人看到了机会。他们认为这是一个绝佳的时机，因此开始蠢蠢欲动。当时唯一能在战场上和敌军一决高下并把他们打垮的人只有沃里克。他与国王一起前去迎敌。在沃里克身边，国王已经丝毫没有了君主的威严，看起来更像是一个可怜的囚犯。最终，叛乱再次被镇压，所有人也回到了伦敦。

第六章 约克家族的衰落

据说此后,国王与沃里克实现了和解。沃里克和克拉伦斯作为一方,国王作为另一方达成了协议,并分别签字表示赞同。双方承诺摒弃前嫌,从今往后依然把对方当作朋友,真诚相待。然后,尽管双方都郑重地签字盖章,保证遵守约定,但他们的真实关系并没有发生任何改变。协议签订后,谁也没有更信任对方。

最终,私下的不信任终于公开化了。双方签订协议三个月后,沃里克的兄弟约克大主教在自己庄园里设宴款待宾客,国王、克拉伦斯公爵和沃里克伯爵等人受邀前来。双方握手言和,达成谅解,并希望今后彼此能更好地沟通。当晚餐已经备好,国王正在房间里盥洗准备用餐时,一个随从来到他身边,低声对他说:"陛下有危险。房子附近有伏兵。"

听到这话,国王大惊失色,立刻悄悄溜出房子骑上马,带着两三名随从飞快地逃走了。他星夜兼程,一口气逃到了温莎城堡,那时已经是第二天清晨了。

接下来,沃里克和国王又展开了谈判。谈判期间,他们没完没了地相互指责、揭短。爱德华咬定他们确实准备发动叛乱,那天的宴请完全是鸿门宴,他差点儿就落入了圈套,幸亏他跑得快才侥幸逃脱。但沃里克和他的支持者对此完全否认,他们认为国王过度多疑，那天逃跑完全是因为他的神经太紧张。最终，爱德华被沃里克说服，再次打消了疑虑，双方又一次立约，实现和解。

这次讲和发生在1469年秋天，到了1470年春天，新的叛乱爆发了。国王认为沃里克和克拉伦斯是背后的指使者，但他还是不得不派他们带兵前去镇压叛军。他自己则立刻集结了一支大军，亲自指挥开往前线。他赶在沃里克和克拉伦斯之前到达，与叛乱分子打了起来，并取得了胜利。他俘虏了很多囚犯，将他们一一斩首。爱德华发现，或者说装作发现了沃里克和克拉伦斯叛变的证据，证明他们并不是真心打击叛乱分子，而是准备在第二天率兵投奔叛军，而他及时发现并粉碎了他们的计划。但是我们并不确定他是否真的发现了沃里克和克拉伦斯叛变的证据，或者说是他被胜利的喜悦冲昏了头脑，决心抓住时机彻底摆脱沃里克的控制。无论如何，他现在公开对沃里克和克拉伦斯宣战了。他立即动身，率领比对方人数多得多的军队前去阻击他们。

沃里克和克拉伦斯则率部不断迂回，耍了许多花招不想和国王的军队正面交锋。期间，他们的兵力迅速削弱。先前尽管他们已与国王为敌，但因为名义上

战斗中的沃里克伯爵。亨利·特雷瑟姆(1751—1814)绘于1797年

仍然是国王的军队,所以他们还有足够多的追随者。但现在国王已经对他们公开宣战,因此他们的部队开始迅速瓦解。在这个紧急关头,沃里克突然改变了他的所有计划。他解散了军队,然后带着所有家人,包括克拉伦斯和伊莎贝拉,在一小群忠实友人的陪同下,率领他的一小支近卫军,逃到了达特茅斯港,然后从那里乘船去了加来。

跟随他们一起逃亡的仆人和随从数量众多,他们搭乘的船只组成了一支小舰队。克拉伦斯的妻子伊莎贝拉此时正有孕在身,因此他们急于到达加来,所以一刻也不耽误地驾船向对岸驶去。他们以为到了加来就会像回到家一样安全。

你可能还记得,沃里克伯爵是加来的总督。当初离开时他曾任命一个军官代他坐镇加来。在他的船抵达加来港之前,该军官就收到了一封爱德华的特使送来的急信。爱德华告诉他沃里克已经叛变,命令他不得放沃里克和他的同党入城。

就这样,当沃里克的船队到达加来港时,他们发现一排排火炮正对着他们。岸上的哨兵对他们发出警告,告诫他们不可登陆。

看到这一切,沃里克目瞪口呆。在自己的老巢被

第六章 约克家族的衰落

自己的手下拒之门外,这完全出乎他的意料,也让他感到无比愤怒。伯爵起初完全不明白是怎么一回事,他要求镇守加来的那个军官给他一个解释。中尉打发他说,是城里的百姓拒绝让他们进城,百姓们听说了他和国王公开宣战的消息,便立刻摆明了立场,坚决要求这个军事要塞要支持国王。沃里克接着摆出了他的女儿,说她快要生产了,但中尉依然斩钉截铁地拒绝他们进城。他说,百姓们的态度坚决,他根本控制不了局面。最后,他们不得不把船停在港口,孩子就生在了船上。这群逃亡者从岸上得到的所有援助或者安慰只有两壶酒,这还是那个军官犹豫再三后才勉强送上船的。这个新生儿是一个男孩。他的出生意义重大,因为他是克拉伦斯的儿子——一位王子,他从一出生就拥有了英国王位的继承权。

最后,发现在加来登陆无望之后,沃里克带领船队沿着法国海岸一直航行,最后到达法国的阿夫勒尔港。阿夫勒尔港收留了他的船队,允许所有人上了岸。

接下来的各种阴谋诡计,我在这里没有时间一一详述了。最终,在登陆法国几周之后,沃里克伯爵来到安茹的玛格丽特和她的儿子威尔士亲王所在的城堡。很快,他就在那里做了一个决定,他要支持王后的复辟大业,帮助她的丈夫夺回王位。但他开出一个条件,王后的儿子威尔士亲王必须娶他的二女儿安妮为妻。据说,起初很长一段时间,玛格丽特王后都是拒绝的。她极不愿意让自己的儿子娶她恨之入骨的敌人之女为妻,她的儿子可是英国王位的继承人啊!正是这个仇人害得她家破人亡,让她遭受了无数可怕的灾难。不过,最终她还是妥协了。她的野心战胜了仇恨,她答应结盟,前提是沃里克必须郑重地起誓,从此以后必须与她站在一边,并竭尽全力帮助她的家族夺回王位。

就这样,一切开始照计划进行了。伯爵将一个女儿嫁给了约克家族未来的王位继承人,而另一个女儿嫁给了兰开斯特家族的王位继承人。他现在需要做的,只是选择帮助哪一方夺得王位而已。当然,他做出的承诺就好像他当年出于政治目的发过的其他誓言一样,只有在需要维护自己的利益时他才会真正遵守。

因为害怕会疏远克拉伦斯,所以沃里克不能立即公开宣布支持亨利国王。但克拉伦斯很快就离开了他。当听说沃里克的女儿与威尔士亲王结婚后,爱德华国王立即想出一个计划,他派出一个使者前去和克拉伦斯谈判。但这件事不能公开进行,因为他清楚,沃里

第六章 约克家族的衰落

克不会允许他的任何信使光明正大地登陆。所以他派了一位女士前往。这位女士是克拉伦斯的妻子伊莎贝拉的好友。她取道加来，偷偷地去了目的地。一路上她完全没有提起此行的目的，只是简单地说她想去和她的朋友伊莎贝拉公主见面。到了那里，她小心翼翼地展开了行动。她很容易就和克拉伦斯私下会了面，告诉他沃里克的二女儿已经嫁给了兰开斯特家族的继承人。毫无疑问，接下来沃里克将会帮助他们夺取王位，而到那时克拉伦斯将变得一无所有。

"因此，"她说，"你离开他，回到你的兄长爱德华身边去是最好的选择。他会摒弃前嫌再次接纳你，并仍然会像朋友一般待你。"

克拉伦斯被她说服了。不久，他趁机出走去了英格兰。回去后，他对国王表示效忠，再次被宫廷接纳。

与此同时，爱德华国王在欧洲大陆的朋友不断传来消息，要他提防沃里克的阴谋，并提醒他要提高警惕。但爱德华毫不畏惧，他放言说希望沃里克来找他。

"我唯一请求海峡那边的朋友为我做的事就是，"他说，"当他来到英格兰后，直到我抓住他之前，你们不要再次收留他，像以前那样又让他逃掉。"

英吉利海峡对面的那位好友就是爱德华的妹夫勃

艮第公爵。他就是上一章提到的娶了约克的玛格丽特的查尔斯伯爵。勃艮第公爵准备了一支全副武装的舰队随时待命，一旦发现沃里克企图乘船前往英格兰，就会立即拦截他。

与此同时，玛格丽特王后和伯爵也在紧锣密鼓地做着准备工作。法国国王为他们提供了军队、武器和资金。一切准备停当之后，伯爵派人去英格兰北部，给那里的朋友和支持者带去口信，让他们佯装叛乱来引诱爱德华带领军队离开首都。他的计划成功了。爱德华听说叛乱的消息后便马上集合部队，北上前去镇压。就在这时，海上突然下起了暴雨，勃艮第公爵的舰队被暴风雨打散。沃里克伯爵立即带着安茹的玛格丽特和她的儿子以及自己的女儿出航。威尔士亲王当时大约十八岁。他的父亲——玛格丽特的丈夫亨利国王并没有和他们一起离开。你也许还记得，当时沃里克为了让爱德华当上国王而将亨利废黜，并把他当作囚犯关进了伦敦塔。

全欧洲的人都惊讶地注视着事情的进展，并饶有兴趣地期望看到最终的结果。就是这个人，他发动了一场绝望而血腥的战争将一个国王废黜，使他沦为阶下囚，逼迫他的王后和作为继承人的王子赶来救他。

勃艮第公爵是爱德华国王的妹夫。图为勃艮第公爵，绘于 1454 年，绘者信息不详

这个人现在流亡他乡，居然把自己的女儿嫁给了这位王子，并且准备远征，目的竟然是为了帮助曾经被他囚禁的国王复辟。

伯爵的舰队平安地穿越英吉利海峡，在英格兰西南部的德文郡登陆。他们的到来让王国中的许多贵族和大家族发出一个信号，那就是他们要准备好改变立场了。事实上，在约克和兰开斯特家族进行的斗争中，自始至终都有一大批社会不同领域的贵族和绅士以及许多投机者参与其中。每当他们看到另一方有掌权的苗头时，他们便随时准备改弦更张。在这种情况下，其实有很大一批人私底下是兰开斯特家族的支持者，但是迫于约克家族的统治，他们无法表明自己的立场。随着沃里克的到来，这些人变得热情高涨、激动万分。爱德华国王发现，他的朋友们并没有立即响应他的号召团结在他的周围。有的朋友开始犹豫，是否要继续和他做朋友。一位伦敦的牧师甚至胆大包天地公开为"塔里的国王"①祈祷。这个行为得到了民众的认同，人们被煽动起来，整个伦敦城已经做好拥护亨利为王的准备了。

① 指伦敦塔里的亨利国王。——译者注

第六章 约克家族的衰落

许许多多的迹象让爱德华如临大敌。当他得知沃里克已经登陆后，他再次率军南下。期间，理查一直是爱德华的忠实拥护者。他一直和国王在一起，并指挥着一支军队。此时沃里克正迅速朝北方前进，两军很快就近在咫尺。当决战的时刻马上就要到来时，爱德华发现他的朋友和支持者们突然离开了他。最终，一天当他正在用餐之时，一名信使进来禀报说，他手下的一名将军正带领麾下的士兵，挥舞着帽子为"亨利国王"欢呼。此时他突然明白自己大势已去，于是立即开始准备逃亡。

这时，他正在离东海岸不远的地方，那里恰巧停着一条小船，这条船是他雇来为军队从泰晤士河运送补给的。除此之外，还有两条荷兰船停在那里。国王立刻征用了这几条船，带着理查还有几名随从驾船向海上驶去，没有人知道他们要去哪里。

出海后不久，他们就遭到了海盗的袭击。他们在芬兰的岸边把船拖上岸，这才逃脱。这时，国王发现自己几乎身无分文，于是他不得不当掉衣服来活命。最终，在历尽艰险之后，他找到了去海牙的路，当时只有那里才是相对安全的。

一确定爱德华已经逃命，沃里克便立刻向伦敦进发，现在已没有任何人能阻挡他了。他得意洋洋地进了伦敦。克拉伦斯等在那里，和沃里克一起进了城。说到克拉伦斯，他之前虽然回到了英格兰打算追随兄长爱德华，但他一直在观望，权衡利弊，同时犹豫不决，一直未表态支持任何一方。现在，他再次迫不及待地投靠了沃里克。

王后伊丽莎白和她的母亲杰凯塔此时正住在伦敦塔，也就是他们囚禁亨利国王的地方。因为整个伦敦塔是一片很大的建筑群，所以宫殿和监狱是连在一起

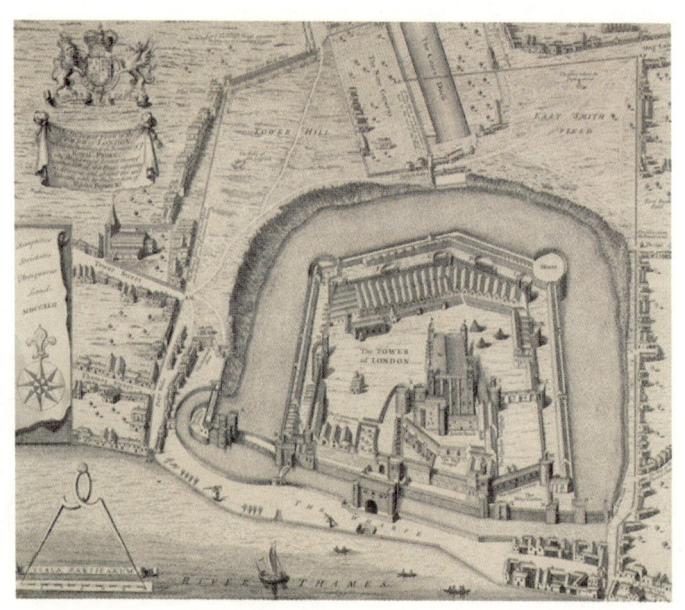

伦敦塔的全景图，绘于 14 世纪

第六章 约克家族的衰落

的。王后获悉爱德华战败以及沃里克和克拉伦斯已经胜利进驻伦敦的消息后,她立即带着母亲、当时在她身边的三个女儿——小伊丽莎白、玛丽和塞西莉以及一名女仆飞快地跑下塔楼,登上塔外一直等候在那里的一艘驳船,然后命令船工送他们去威斯敏斯特。

威斯敏斯特位于伦敦的上城区,而伦敦塔则在下城。一到那里,这群人就逃到一处庇护所躲了起来。这个庇护所是教堂的一部分,按照当时的规定,除非是犯了亵渎神灵的大罪,否则人们是不能把逃亡者从那里带走的。那里其中一部分建筑又继续存在了三百年。这是一栋阴森的老宅,当时王后和公主们住在那儿,每天的生活一定很单调乏味。

住进老宅后,王后远离丈夫,也远离了舒适的生活。在这种情形下,她生下了她的第一个儿子。一些住在附近的好心人可怜她孤苦伶仃、生活窘迫,便时常帮助她,这不啻是雪中送炭。教堂附属的修道院院长送给他们各种各样的生活用品,一位住在附近的好心人科布修女来到这里当保姆,照顾母亲和孩子。

孩子出生几天后,就在庇护所里接受了洗礼。他父亲的名字——爱德华也成了他的名字。当然,爱德华国王儿子的出生剥夺了克拉伦斯和他的儿子在约克家族这一脉的王位继承权。这个小爱德华现在是继承人，并且在大约十三年后成了英国国王。这些我们将在后面讲到。

　　沃里克伯爵一到伦敦，便立即去伦敦塔释放了老国王亨利。亨利的处境非常可怜。他居住在昏暗、简陋的房间里，衣衫褴褛，蓬头垢面。伯爵把他从监狱里接出来，待梳洗一新后，再次为他穿上王袍，正式地送他回威斯敏斯特宫。他在那里宣布复辟，重新成为英格兰国王。但实权都把持在沃里克手里，他才是真正意义上的国王。接着，他召开议会，颁布法令承认新王登基。而尚未从欧洲大陆赶来的玛格丽特王后也恢复了地位。已经十八岁的威尔士亲王则成了全国关注的对象。毋庸置疑，他现在是唯一的王位继承人了。

第七章

兰开斯特家族的衰落

精彩看点

理查的立场——勃艮第公爵——他的计策——与克拉伦斯的私下接触——沃里克留住克拉伦斯的计谋——爱德华和理查回到英格兰——战略——约克城接纳爱德华——红白玫瑰——民意——沃里克——克拉伦斯的立场——两面派——克拉伦斯加入爱德华的阵营——爱德华的胜利——亨利再入伦敦塔——沃里克拒绝投降——战斗的准备——爱德华获胜——沃里克被杀——亨利国王——玛格丽特和威尔士亲王——两军对垒——两个男孩指挥作战——温洛克勋爵被杀——战斗结束——威尔士亲王被杀——王后逃亡——爱德华在教堂——玛格丽特被俘——押送囚犯回伦敦——亨利死在伦敦塔——埋葬亨利六世——兰开斯特家族覆灭

第七章 兰开斯特家族的衰落

1470年10月，老国王亨利和他的家族复辟了。正如我们已经看到的，因为娶了沃里克的女儿，克拉伦斯成了沃里克的人，于是他也被引诱加入了兰开斯特阵营。但格洛斯特，也就是理查，仍然忠于自己的家族。他坚定地追随他的哥哥，和他有福同享，有难同当。此刻，他正与爱德华藏在勃艮第公爵的领地上。你可能会记得这个人，正是他娶了爱德华的妹妹玛格丽特。当然也正因如此，他才会支持爱德华的王业。

然而，勃艮第公爵不敢公开支持爱德华，因为他怕法国国王知道，法国国王可是亨利和玛格丽特王后的支持者。但他仍然竭尽全力暗中提供帮助。很快，爱德华和理查便开始筹谋划策，准备杀回英格兰，夺回王位。勃艮第公爵发表了一份公开宣言，声明他的臣民不得支持爱德华，禁止任何人在他的领地上为爱德华的军队提供装备或为他的计划提供任何帮助。这个宣言其实是写给法国国王看的。就在他公开发布命令之时，他秘密地送给爱德华一大笔资金，还为他提供了一个由15或20艘船组成的舰队，并协助他集结了一支有1200人的军队。

在欧洲大陆上紧锣密鼓地进行准备的同时，爱德华和他的朋友们也秘密地与在英格兰的克拉伦斯建立了联系。显然，克拉伦斯与他们为敌会极大地削弱爱德华与理查的力量。勃艮第公爵的妻子玛格丽特自告奋勇地站出来，愿意去劝他回心转意。她们的母亲塞西莉夫人当时仍然住在伦敦附近，他对克拉伦斯的背叛感到十分痛心，因此也前来帮忙劝说。她们的规劝使克拉伦斯动了心。对克拉伦斯来说，他和沃里克伯爵之间的关系是基于他和他女儿之间的婚姻。但沃里克并不完全信任他。于是在帮助亨利复辟后，沃里克想出一个狡猾的计策，说服议会没收了爱德华的所有财产，并把它们全部赐给了克拉伦斯。他企图通过离间计把克拉伦斯牢牢地攥在手里，从而胁迫他彻底地疏远爱德华。

当这个计划完成时，沃里克自言自语地说，"现

第七章 兰开斯特家族的衰落

在克拉伦斯肯定会反对爱德华回英格兰。因为他很清楚,一旦爱德华回来重登王位,必定会将他的这些财产全部收回。"

但是,正当爱德华在欧洲大陆制定策略准备反攻英格兰时,玛格丽特差使者去见了克拉伦斯。朋友和母亲苦口婆心的劝说终于使克拉伦斯改变了主意。他本就是一个做事毫无原则的人,他所关心的只是怎样做才会最快、最大程度地满足他的野心和增加他的财富。所以,当他们劝说他回到兄长身边帮助自己家族复辟,要比继续维持他与沃里克和兰开斯特家族之间那种不正常的关系对他更有利时,他很轻易地就答应了。他还承诺,虽然目前他表面上会继续与沃里克保持友好,但如果有朝一日爱德华与理查打回英格兰,他将背弃沃里克和兰开斯特家族,投入到自己家族的怀抱中来。

这年春天,舰队和军队都已准备就绪,爱德华和理查从低地国家①扬帆起航,开始穿越英吉利海峡。当时正是三月初,他们打算一直向北航行,在英格兰北部登陆。途中他们遇到了暴风雨,舰队被打散,两

---

① 是对荷兰、比利时和卢森堡三国的统称。——译者注

人费了好大劲儿才上了岸。当时两兄弟坐在不同的船上，因此他们在相隔几英里以外的两个地方上了岸。当时，英格兰已经是沃里克和兰开斯特家族的地盘，而爱德华和理查却孤立无援，处境非常危险。

然而，过不久，他们便募集了一小支军队，士兵大多是随他们从法国来并最终成功登陆的人。他们率领这支军队向约克城进军。所到之处，爱德华向臣民们宣布他无意争夺王位，只是想拿回那些被不公平地没收并给了他弟弟的私人财产和土地。他说他完全承认亨利复辟这个事实，并且拥护他为国王；他还郑重地宣布，决不会做任何事来破坏国家的和平。

但一切承诺都是虚假的。爱德华之所以这样信誓旦旦，实际上是因为他的力量不够强大，所以他不敢公开自己的真实意图。他们一旦说错一句话，都可能会被敌人抓住把柄，作为他们挑起战争的口实。

于是，他们就这样一路前进，没有人站出来反对他们。最终，他们到达了约克城。在那里，爱德华见到了市长和议员，他重申了他的承诺，并且庄严地宣誓，再次保证他会信守承诺，决不会觊觎王位或做出任何威胁亨利国王王位的事情。他声音洪亮地喊道："亨利国王万岁！爱德华亲王万岁！"在场的人都听

第七章 兰开斯特家族的衰落

得真真切切。他还在自己的盔甲上插了一根鸵鸟羽毛，这是爱德华亲王的标志。约克人对他的这些保证很满意，因此允许他入城。

爱德华的部队在前进的过程中不断壮大。最终，渡过特伦特河后，他到了一个地方，在过去的战役中，这里的所有人几乎都是约克家族的坚定拥趸。此时，他开始撕掉伪装，摊牌道他回到英格兰的目的就是再次夺回属于约克家族王位。他的军队开始亮出白玫瑰的标志，这是约克家族数代以来一直沿用的徽章；而红玫瑰则一直是兰开斯特家族的象征[①]。总之，看到

约克家族的徽章——白玫瑰和兰开斯特家族的徽章——红玫瑰

---

① 由于这两个家族分别使用红、白玫瑰作为徽章，因此在这两大家族之间发生的内战在历史上被称为玫瑰战争。——原注

又一场内战即将到来,这里的人们都群情激奋。那些整天想着跟当权者抱团的投机者们也开始跃跃欲试,为加入爱德华的阵营做准备。

与此同时,惊慌失措的沃里克率领大军从北方赶到伦敦来迎击入侵者。克拉伦斯指挥着一支大军,沃里克本人则率领另一支。两支军队一同前进,但中间始终隔着一段距离。为了接近克拉伦斯的部队,爱德华巧妙地行军。沃里克则想尽一切办法阻止这两支队伍会合。很显然,他仍然没有充分信任克拉伦斯。但是爱德华成功了。凭借绝妙的排兵布阵,他的军队与克拉伦斯的军队已经近在咫尺,他们的营地相隔只有三英里。然而,在克拉伦斯迈出那具有重大意义的一步之前,双方似乎仍然要进行最后的谈判。理查充当了谈判双方的传话人。他在两军的营地之间来回穿梭,为双方传达建议,尽一切力量扫除他们之间的障碍,最终促成了协议,终于万事俱备了。

克拉伦斯令士兵们把白玫瑰别在他们的盔甲上,接着,士兵们吹响了号角,挥舞起了旗帜。他从营地里走出来迎接爱德华,准备宣誓从此听命于他。

当克拉伦斯率领大军来到爱德华的营帐附近时,他停了下来,带着若干随从走上前去觐见他的兄长爱

第七章 兰开斯特家族的衰落

德华。这时爱德华也走出营帐，在理查和几个贵族的陪同下迎上前去。就这样，爱德华和克拉伦斯终于见面了。一份古老的文献是这样描述当时的情景的："两位主人互相问候，言语恳切。然后，克拉伦斯和格洛斯特两位公爵又亲切地交谈了一番，他们身后的贵族也互相致意。双方在场的所有支持者们都非常高兴，其乐融融。他们感谢上帝让他们愉快地相见，如此团结、和谐，希望从今往后他们联手打拼、共谋昌盛。"

沃里克听到克拉伦斯叛投敌军的消息后，自然气急败坏。面对如此结局，他也无能为力。以他的实力根本无法抵抗这两支联合起来反对他的军队，所以他只能撤退，为敌军让出道路。爱德华率领这支势不可挡的大军，加之两个兄弟充当左膀右臂，直接进驻了伦敦。

爱德华在首都受到了热烈的欢迎。当时的英格兰，无论是谁登上了权力的巅峰，无论在首都还是在乡野，都会得到人们的支持。上一章讲到，在爱德华逃亡期间，伊丽莎白王后避难时为他生下了儿子。当时坊间流传，自从爱德华的儿子诞生后，他对于财富、王权的渴望大大地增加。当然，爱德华胜利进入伦敦后，他所做的第一件事就是赶往庇护所接回他的妻子和刚出生的儿子，把他们带离困境。

此时，玛格丽特王后和威尔士王子仍然待在欧洲大陆，而亨利国王在伦敦。毫无疑问，他又落入了爱德华之手，再次被送进伦敦塔囚禁了起来。

爱德华在伦敦只停留了一两天，便率领军队再次出发追击沃里克去了。他把亨利国王从伦敦塔里放出来，作为囚犯押着他一起出征。

沃里克一直在为战斗做着准备，所以现在他的实力强大了不少。两军在离伦敦不远的地方相遇了。兵戎相见之前，克拉伦斯本想找个机会调停。他自然不希望战争真的打起来，因为一旦战争爆发，不管结果怎样，对他来说，都是痛苦的——一边是他的兄长，而另一边是他的岳父。他将不得不选择和一方站在一起，而与他抛弃、背叛的另一方为敌。所以他遣了一个信使去伯爵那里，提议由他来当中间人，希望能够找到某种方法解决双方的矛盾。但是伯爵并不领情，反而对他的提议报以蔑视与谩骂。

"去告诉你的主人，"他对信使说，"克拉伦斯虚伪透顶又毫无诚信，我沃里克绝不会学他背信弃义。他倒是在这方面树立了一个很好的榜样啊！我可不像他，我忠于我发过的誓言，我和爱德华之间的矛盾只

第七章 兰开斯特家族的衰落

能通过武力来解决！"

就这样，双方唯有兵戎相见。双方在巴内特的一个平原上打了一场异常惨烈的恶战，战斗从清晨4点一直打到10点。

巴内特之战——爱德华国王的军队与沃里克伯爵的军队展开激战。绘于15世纪

在这场战斗中,理查表现得非常勇猛。他当时大约 18 岁,这是他参加的第一场真正的战斗。他带着极大的热情在战场上冲锋陷阵,奋勇杀敌,大无畏的精神受到所有人的赞赏。期间,他麾下的士兵都丧了命,但他毫发无损。

最终,爱德华取得了胜利。正如沃里克所说,他们之间的矛盾终于用武力解决了,并且正如他所料,战争的结局既残忍又无可挽回。战斗中,沃里克摔下马,然后被杀死了。双方死伤无数,其中许多带兵的贵族也都战死。人们在平原上挖了一道沟渠,把士兵们的尸体掩埋在里面。后来,人们又在那里建了一座教堂,来纪念这里发生的一切。

据说,亨利国王被爱德华从伦敦塔中带走,随大军上了战场。爱德华让他参加战斗,希望不管是出于意外还是蓄意,他会在战斗中丧命。不过,他的计划没有成功。因为亨利逃离了战场,并且毫发无损。于是战争结束后,他又被带回伦敦,在沿着贫民区阴暗的街道游街示众后再次被送回伦敦塔关了起来。他从大街上经过时,街边挤满了各色人等,大家都对这位可怜的君王跌宕起伏的一生议论纷纷。他的一生经历了大起大落,最终却以悲剧收场。现在他再次与世隔

沃里克伯爵在巴内特之战中的最后时刻。约翰·亚当·休斯顿（1812—1884）绘于1872年

绝，在阴暗的地牢中过着孤独无望的幽禁生活。

听到爱德华入侵英格兰的消息后，就在巴内特战役爆发的那天，玛格丽特王后匆忙回到了英格兰。她带着儿子威尔士亲王在英格兰西南部的普利茅斯登陆。当获悉巴内特之战她的军队损失惨重和沃里克死亡的可怕消息时，她大惊失色，立即逃到离她上岸地点不远的一个修道院躲了起来。然而，她很快就从惊恐中恢复过来，准备行动。她和她的儿子率领从法国带来的军队，一路招兵买马，慢慢向北行进，终于在英格兰西部的塞汶河边找到一处有利地点驻扎了下来。这里靠近威尔士边境，不远处就是图克斯伯里镇。

收到玛格丽特开始行动的情报后，爱德华也开始集合军队，与克拉伦斯和格洛斯特一起向她的所在地进军。在沃里克丧命的巴内特战役后约三周后，两军相遇了，在这次战斗中，英格兰所有的贵族无论支持哪一方，都上阵了。

玛格丽特王后的儿子威尔士亲王现在已经18岁了，他的母亲任命他为总指挥——名义上的军队首领。爱德华任命自己的弟弟——几乎与威尔士亲王同岁的理查为总指挥。接着，大战就在这两个男孩之间展开了。论血缘，两人其实是表兄弟；论年龄，两人甚至

第七章 兰开斯特家族的衰落

都还未成年。

然而，实际指挥战斗的却是更年长、作战经验更丰富的人。其中，玛格丽特一方的总指挥是萨默塞特公爵。爱德华的军队试着变换阵型，以便诱使王后的军队离开大本营。萨默塞特公爵想走出营地，他吩咐士兵们跟着他。有些人照做了，但其他人仍然待在原地不动。留下来的人中，有一队人马由温洛克勋爵指挥。他没有跟随萨默塞特一起行动，这令萨默塞特非常气愤。他开始怀疑温洛克想背叛王后，阵前倒戈。于是，他一怒之下就转过头径直向温洛克走去，接着挥起战斧朝他的头盔狠狠地劈了下去，温洛克当场毙命。

萨默塞特公爵怀疑温洛克勋爵临战倒戈，趁其不备将其击杀。绘于15世纪，作者信息不详

整个军队顿时陷入混乱。理查趁机指挥大军迅速杀入敌人的战壕,所向披靡,接着大开杀戒。王后的军队方寸大乱,士兵纷纷四散溃逃,成千上万的人惨遭屠杀。那些侥幸活命的人纷纷向北方逃去,同时他们的后面还有威武之师紧追。

查理指挥军队与敌军交战。约瑟夫·马丁·克龙海姆(1810—1896)绘于 1868 年

第七章 兰开斯特家族的衰落

年轻的威尔士亲王沦为俘虏，但是王后却逃走了。她逃到图克斯伯里的一座教堂躲了起来，暂时销声匿迹了。

至于威尔士亲王，人们相信在那之后他的命运是这样的：战争结束后，他被缴了械，孤零零地被带到爱德华国王的营帐里。爱德华、克拉伦斯、格洛斯特和其他一些人聚集在那里，以胜利者的姿态讥讽他的失败。爱德华走到他面前，用犀利、蔑视的眼光凝视了他片刻后，愤怒地质问他："你来英格兰干什么？"

"为了夺回我父亲的王位和应该属于我的东西。"王子回答道。

爱德华怒不可遏，伸出带着金属护手[①]的手一把捏住了他的下颌。

看到这个信号，格洛斯特和其他站在旁边的人一哄而上，将这个既可怜又无助的男孩压倒在地，当场杀死了他。王子呼喊着他的姐夫克拉伦斯的名字，恳求他救救他。但这是徒劳的，克拉伦斯并没有上前干涉。

如今有些试图为理查辩护的人说，没有足够的证

[①] 金属护手是一种铁手套，它的手指处有可以随意滑动的鳞片组成的关节，因此非常灵活。——原注

据证明这个故事是真实的。他们坚持认为王子是在战场上被杀死的，因此理查和他的死毫无关系。然而，以上的这些叙述似乎和这些人的说法完全相悖。

正如之前说到的，战斗结束后不久，王后和她的随从在图克斯伯里的一座教堂以及附近其他宗教场所避难，但不久就被发现。

于是，爱德华前往教堂，发誓要找到敌人，哪怕追到天涯海角。在一群无所畏惧的追随者的陪同下，他手拿宝剑闯入了神圣的宗教场所。要不是修道院院长出来阻拦，王后这群在此避难的人早已死在他的剑下了。院长穿着僧侣的长袍，手中拿着神圣的徽章。他在暴怒的爱德华面前举起圣徽，提醒他这里是神圣不可侵犯之地。看到这一幕，国王才住手。在爱德华离开之前，院长要求他起誓，保证他不会再来骚扰这些避难的人。

然而，爱德华根本就没打算信守承诺。两天后，爱德华召集了军事法庭，并派理查和一支军队来到教堂，带走所有在那里寻求庇护的人，并审判了他们。审判没有什么仪式，所有人当天就在图克斯伯里的一处草地上被处死。

然而，玛格丽特王后和她的侍从却不在这群人当

第七章 兰开斯特家族的衰落

中,他们已经逃到另外一个地方避难。不幸的是,几天之后,他们还是被找到,并被带到爱德华此时在考文垂的营帐中。自从战斗结束后,爱德华就开始率军在全国巡视。

国王最初的想法是立即派人将玛格丽特带到伦敦,关进伦敦塔。但在他付诸行动之前,他改变了主意,决定亲自将玛格丽特押送回伦敦。于是他带着玛格丽特王后这个阶下囚坐在他的马车上一道返回。一到伦敦,王后就立刻被关进了伦敦塔。

她在塔里被严密关押,度过了5年漫长而难熬的日子。之后,她被法国国王赎了出来并带去了欧洲大陆。她寂寂无名地又生活了近十年,最后死在了那里。

至于她的丈夫,在她死之前很久就去世了。前文提到,图克斯伯里之战后,爱德华突然改变主意决定立即回伦敦。这是因为当时他得到消息,沃里克的一个控制英格兰东南部的贵族亲信发动了叛乱。他准备带兵攻打伦敦,把亨利从伦敦塔里救出,然后拥他复位。这次叛乱很快就遭到了镇压。爱德华凯旋了,回到了伦敦。之后,一天晚上,他和他的两个兄弟在伦敦塔里待了一夜,第二天早晨,亨利国王便被发现死在了床上。

从古至今，人们都认为是爱德华下令杀了他，并且深信是理查亲自动的手。

亨利的尸体当天就被装进一具棺材送到了伦敦圣保罗大教堂。他的尸体被放在那里示众很长一段时间，四周有重兵和火炬手守卫。无数民众前来一睹他的遗容。将亨利的遗体示众，是为了让老百姓相信他的死亡千真万确，从而堵住悠悠之口，防止日后兰开斯特家族的同党再散播亨利还活着的谣言。这种谣言往往具有很强的煽动性，极易引发暴乱，威胁爱德华的统治。

一段时间后，亨利的遗体被送到温莎埋葬，一尊佩戴各种武器和徽章的亨利塑像矗立在他的陵前。

为了防止兰开斯特家族东山再起，该家族的其他领袖也都受到处置。有些人被流放，还有些人终身被囚禁在城堡里。至此，一切尘埃落定，爱德华再次巩固了自己的统治，捍卫了自己的王位。

第八章

理查三世的婚姻

精彩看点

克拉伦斯和理查的性格——克拉伦斯的两难境地——理查被任命为海军司令——他的真实性格——好士兵的必备品质——小爱德华被定为王位继承人——安妮小姐的悲惨处境——她的姐姐伊莎贝拉——克拉伦斯对财产的态度——理查的计划——他与安妮早年的相识——大主教家的宴会——克拉伦斯藏起安妮小姐——理查最终找到了她——他的婚姻——保住财产的手段——分割财产的困难——争吵升级——国王出面解决——理查的孩子出生——安妮心满意足

第八章 理查三世的婚姻

当一切风平浪静后,爱德华重新成了国王。此时,本书的主人公——格洛斯特公爵理查的地位已经非常显赫了,尽管他当时只有19岁,还很年轻。自他一出生,他就一直排在哥哥克拉伦斯后面。但克拉伦斯优柔寡断、立场不定,发生激烈的矛盾时他经常改变立场;于是,两个家族都对他失去了信心。而理查则一直是哥哥爱德华王业的坚定支持者,他们一同经历过挫折,并且在所有他参与的战斗中,他都给哥哥爱德华最可贵、最有效的帮助。爱德华取得的所有胜利与他的贡献密不可分。所以,爱德华和他的朋友们都信任理查,怀疑克拉伦斯。

对克拉伦斯而言,他的确有一个很好的借口来为自己摇摆不定的立场开脱,而这是理查没有的。因为

理查三世

他娶了沃里克伯爵的女儿,这使他们之间有了亲缘关系,所以他受到沃里克巨大的影响。因此,无论沃里克决定做什么,对克拉伦斯来说,拒绝参加都是非常困难的。最后,当沃里克让他的女儿安妮嫁给亨利国王的儿子威尔士亲王时,这就意味着他加入兰开斯特

图为亨利六世的儿子威尔士亲王

的阵营。克拉伦斯夹在力量强大又相互矛盾的两极之间——一边是手足情深以及希望自己家族兴旺昌盛的

第八章 理查二世的婚姻

自然天性，另一边是他对妻子的爱以及岳父对他的影响。相比之下，理查不会面对这种两难的选择，因为没有什么能够引诱他背叛兄长，他对兄长一直忠心耿耿。

在爱德华争夺王位的斗争中，理查也始终表现得十分英勇且行事高效。因此作为一名战士，他在整个王国都声名卓著。更因为他年纪轻轻，所以就更显得他战功赫赫。人们认为一个还不到二十岁的少年居然拥有如此非凡的本领，并且在紧要关头能够表现得如此坚定、勇敢简直是太了不起了。整个王国上下都对他赞不绝口。

爱德华登基后，便任命理查为英格兰海军总司令。当时这是一人之下万人之上的要职。沃里克伯爵就曾担任过这个职位，他的大部分权力和影响力也来自于此。海军总司令统帅海军，并且只要法国方面的所有港口还控制在英格兰手中，他就会同时管辖英吉利海峡两岸的主要港口。读到这里你也许还记得，他们的父亲去世时，理查还是个孩子。当时为了躲避仇敌的追杀，母亲不得不把他和哥哥乔治送往法国。正是在沃里克的协助下，她才能安排孩子们成功逃亡。沃里克当时任英格兰海军司令，并且控制着加来以及加来和英格兰之间的海域，所以他才能做到这一切。

理查三世

尽管举国上下都在称赞理查作战时的英勇无比、能力非凡,但是任何有机会接触到他的人都知道他其实是一个品行恶劣的人。他铁石心肠,做事毫无原则且行事鲁莽。但这丝毫没有减损他在军队中的声望。人们常常会为那些在战斗中有杰出表现的人送上鲜花和掌声,即便此人品行恶劣,也很少会对他的声誉造成影响,况且民众通常不愿接受这样的现实。从人类社会的历史角度来看,军功事实上就是一些无所顾忌、冷酷无情的人为了某些人的利益而犯下的极大的罪恶。普通人出于良知或道德的考虑,可能无法做出屠戮等残忍之事。但他们却早已准备好用数不尽的荣誉和奖赏来回馈那些足够残忍、无耻代替他们犯罪的人。人类的历史表明,一些人眼里的勇士,在另外一些人眼里却是十恶不赦的大恶人。从古至今向来如此,鲜有例外。

之前提到过,当爱德华被逐出英格兰时,他的妻子也不得不出逃。在威斯敏斯特的庇护所,她为爱德华四世生下了的儿子——小爱德华王子。这个孩子自然成为了爱德华国王的继承人。他现在还不到一岁,为了使他日后能够毫无争议地继承王位,国王要求所有大臣和大贵族庄严起誓,一旦有一天他去世,他们

第八章 理查三世的婚姻

会拥立王子为国王。以下是众人当时所发的誓言：

> 我承认、接受和认可你，威尔士亲王、康沃尔公爵和切斯特伯爵、君主的长子爱德华，作为英格兰和法兰西的君主以及爱尔兰的统治者。我们承诺，如若今后君主百年之后你仍在世，我们将会承认并接受你为真正的、合法的英格兰、法兰西以及爱尔兰国王。我们在此真诚发誓：忠心护主，肝脑涂地；如违此誓言，上帝不恕！

理查与其他人一同庄严宣誓。至于他会如何信守诺言，且看我慢慢道来。

沃里克伯爵的二女儿安妮小姐曾经许配给亨利国王的儿子威尔士亲王。如今，兰开斯特家族已经败落，爱德华国王重新登上了王位，只剩她一人无依无靠，处境非常可怜。她的父亲已经在战斗中死于敌人之手，她的未婚夫威尔士亲王也已经被残忍地杀害，而她曾经犹满怀希望地盼着有一天能够和他一起登上国王的宝座。唯一可能会关心她的人就是亲王的母亲玛格丽特王后了，但她现在却被关在伦敦塔，成了一个可怜的囚犯。大势已去的玛格丽特王后就算现在是自由的,估计她对安妮也不会有任何关怀,因为她的儿子已经死了。事实上,王后对安妮没有丝毫的偏爱,只是纯粹地出于政治考虑而非常勉强地同意了这门婚事。她的家族曾盛极一时,整个家族亲友众多,而现在这些人非死即伤或不知去向。有些人在战斗中丧了命,有些人被刽子手砍了头,还有一些人被流放他乡,剩下的人则失去了亲

安妮的画像

人、朋友,他们无家可归,带着恐惧和痛苦整日在英格兰四散逃窜,希望能找到一个藏身之地,远离爱德华的魔掌,不被他找上门来寻仇。

但有一个人却是例外,她就是克拉伦斯的妻子伊莎贝拉夫人。你可能还记得,她是沃里克的长女,也就是安妮小姐的姐姐。按理说,她和丈夫克拉伦斯可能会关心安妮小姐的命运。事实上,克拉伦斯确实对安妮小姐给予了关注,但不幸的是,他的关注点是错

第八章 理查三世的婚姻

误的。

沃里克伯爵曾经非常富有。除了拥有古老的沃里克城堡——英格兰最著名的封建领主时期的堡垒外，他还拥有许多别的城堡、规模不可小觑的产业以及遍布全国的各种各样的财富。沃里克死后，作为他的大女婿，克拉伦斯把大部分财产都控制了，而且他希望能够一直这样下去。只要安妮一直像现在一样孤立无援，他的如意算盘就打成了。但他非常清楚，只要安妮嫁给约克家族任何一个稍有地位和影响力的人，那么她的丈夫肯定会来要求分割财产。现在，他怀疑他的弟弟理查有意娶她为妻。于是他开始想办法来阻止理查的计划。

事实上，理查的确有意想娶安妮为妻，原因似乎就是想要获得她父亲的一部分财产。

理查在安妮还是小孩子时就与她相识了。事实上，理查的母亲与沃里克伯爵有着某种亲缘关系。他的母亲塞西莉·内维尔夫人与沃里克都是内维尔这个大家族的后人。沃里克早年曾是塞西莉夫人的挚友。据说，当年理查和哥哥乔治被人从欧洲大陆带回英格兰后，也就是爱德华首次登上王位时，两人曾一度和沃里克的家人一起住在米德勒姆城堡。关于这一点并不是很确定，但不管怎样，可以肯定的是，理查和安妮在孩提时代彼此就非常熟悉了，并经常在一起玩耍。

这里有一份沃里克家族在约克郡举行盛宴的记载。那是几年前，为了庆祝伯爵的弟弟乔治被任命为约克大主教而举办的庆祝宴会。当时理查也在场。尽管当时他还只是一个孩子，但作为王室的王子，他自然被奉为上宾。人们为他和其他几位贵宾在宴会厅的一端搭起了一个高高的平台，称作"贵宾台"。贵宾台上方还搭有华贵的顶蓬。贵宾们的席位设置在贵宾台上，其他客席则分散摆放在大厅下面的其他位置。理查坐在贵宾席的中心位置，他的一边坐着一位伯爵夫人，另一边则是一位公爵夫人。坐在他对面的是伊莎贝拉和安妮。安妮那个时候大约12岁。

现在，有人说当时伊莎贝拉和安妮之所以被安排在这张桌子上，完全是为了取悦理查。因为她们的母亲按说更有资格与理查同席，但她却坐在了下面的一张大桌子旁。

种种迹象表明，理查似乎年少时就喜欢安妮，正如克拉伦斯很早就喜欢伊莎贝拉一样。事实上，古时的一位作家曾说过，很早以前，理查曾希望娶安妮为妻，但安妮却不喜欢他。

第八章 理查二世的婚姻

无论如何，现在理查的兄长重登王位，而他一人之下万人之上，地位显赫；于是他决定要娶安妮为妻。而克拉伦斯则认为他不应该娶安妮。后来，克拉伦斯抓住了安妮，虚情假意地说要保护她，然后把她带到一个隐秘的地方关了起来。安妮没有反抗，因为她不希望理查找到她。她本就不喜欢理查的容貌，而他的性格更是让她厌恶。在她眼里，理查是一个粗鲁、狠心、无耻的家伙，这倒是和那个时代一些作家对他的描述不谋而合。另外还有一个特殊的原因也让她对理查避之不及，那就是他是她父亲的死敌以及传闻中谋杀她未婚夫的凶手。

克拉伦斯把她藏得非常好。此时，理查也在不停地寻找她。为了躲避理查的追踪，她不得不经常变换藏身之地。可怜的公主不得不冥思苦想各种办法，用最卑微的伪装将自己隐藏起来，希望能够逃脱理查的魔掌。整日东躲西藏最终让她变得孑身一人，穷困潦倒。然而这一切都是徒劳的。最后，理查还是在伦敦的一所房子里发现了她，当时她正装成一个仆人住在那里。他立即抓住她，并把她送到一个他控制之下的安全的地方。

不久，她先是被带离了那个地方，继而被送到约克，那里的大主教将暂时保护她。八年或十年前，正是在这个大主教的就任仪式上，她和理查曾经在华盖之下同席而坐。但她并没有在那里获得宁静。理查坚持要和她结婚，她则坚持拒绝。她仅剩下的几个朋友也都背叛了她，一个劲地催促她点头，但她始终不能接受这一切。

理查与安妮，出自莎士比亚的一部戏剧。绘于 1890 年

然而，理查的态度非常坚定，安妮终于屈服了。据说她一直反抗，始终没有点头同意，连婚礼的仪式都是被逼着进行的。可以预见到，一旦某天情况发生了变化，她可以再次站出来反抗时，她一定会彻底否认这桩婚姻，宣布它完全无效，因为她始终没有点头

第八章 理查三世的婚姻

同意。即便这样行不通，她也会申请离婚。

为了防备这种风险，理查命议会通过一项法案，声明有一天即便安妮与他离婚，只要他竭尽所能与她和解，他就能够继续完全获得安妮的财产。或者无论何时，只要安妮点头同意，他都愿意与安妮重新举行婚礼；在这种情况下，他也可以继续拥有安妮的财产。

对于理查来说，这桩婚姻赋予了他占有妻子财产的权利，他的目的完全达到了。但是关于财产如何分割这件事，理查和克拉伦斯之间又产生了一些分歧。在获悉理查要娶安妮之后，克拉伦斯除了竭尽所能从中作梗之外还发誓说，就算理查与安妮结婚，他克拉伦斯也绝不会"分割生计"，也就是与理查分享财产。

克拉伦斯的态度十分坚决，一定要占有所有财产。同时理查也十分坚决地要拿到属于自己的那一份。两人的争执很快升级为严重的矛盾。

宫廷里的贵族们在这场纠纷中都纷纷选择支持其中的一方。最后，双方已经剑拔弩张，战争一触即发。最后，爱德华本人介入了此事。开会时，他召集两兄弟来到他面前，在弄清事情的来龙去脉后，他说他会亲自就此事作出裁决。就这样，两兄弟站在国王面前，每个人都极力为自己争辩。听完他们的申诉，国王做出了决定。他分给了理查和安妮很大一笔财产，但没有理查要求的那么多。无奈之下，理查不得不服从国王的决定。

婚礼举过后，理查拿到了他的那部分财产，而安妮似乎向命运屈服了，随理查一同去了英格兰北部的米德勒姆堡。这座城堡曾经属于沃里克家族，如今为理查所有。然而，与妻子在那里待了没多久，他就又开始四处征战。安妮大部分时间独自一人度过，但她却很满足，因为对她来说，没有什么能比离开那个令她憎恶的丈夫更让她欣慰的了。

日子就这样波澜不惊地过着，结婚一年后，安妮生下了一个儿子。这个男孩也取名为爱德华。这个珍贵的小生命从心底唤起了安妮对生命的热情，也在某种程度上补偿了长久以来她所经历的悲伤和痛苦。

事实上，在她的心中，对这个婴儿的爱织出了一条纽带，把她和她的丈夫连在了一起。对一个母亲来说，她很难长久地记恨孩子的父亲。

第九章

爱德华统治的终结

精彩看点

理查的威望——他的性格——爱德华进攻法国的计划——国王路易的性格——路易的诡计——提出签订条约——安排会面——桥上的格栅——国王们格栅边的会面——二王的幽默谈话——条约条款——约定联姻——克拉伦斯和格洛斯特——英国臣民的不满——爱德华与克拉伦斯再起争执——克拉伦斯离开宫廷——迷信巫术——克拉伦斯二子出生——新的争执——富有的女继承人——爱德华和克拉伦斯关于女继承人的争执——克拉伦斯发怒——他被关进伦敦塔——克拉伦斯被控叛国——被判死刑——他被秘密谋害——爱德华的放荡生活——简·肖尔——爱德华遭理查迎战——苏格兰的麻烦——爱德华病倒了——对法王的怒火——玛丽公爵夫人之死——路易的背叛——爱德华的怨气——爱德华驾崩

第九章 爱德华统治的终结

在这之后，爱德华国王又统治了英格兰大约 8 年时间。期间，理查一直身居高位，同时在民间享有很高的威望。如果把他当作一个普通人来看，他确实是一个不折不扣的坏蛋，并且每当国家或政府犯下恶行时，理查通常被看作是罪魁祸首。但尽管这样，他在民间的声望和形象还是非常好的。这很大程度上归功于他的赫赫战功，此外，人们也非常欣赏他行事果断的风格。

凡是爱德华提出的计划，理查几乎都会全力支持、密切配合。但是有时，当他认为这些计划事实上会妨碍而不是促进国家的利益和家族的壮大时，他也会公开站出来反对。至于克拉伦斯，已经没有任何人信任他了。他和爱德华表面上曾经一度融洽，但事实上他们已经貌合神离，早就没有了真情，彼此怀疑，互不信任。

大约在1475年，爱德华制定了一个宏伟的计划——入侵法国。他想从法王的手里夺回一些东西，因为爱德华声称，这些东西原先归他的祖先所有。如同当时所有的战争及征服计划一样，计划一提出就得到了英格兰人的热烈拥护。人们立即开始为远征做大规模的准备工作。勃艮第公爵，你可能还记得，就是爱德华的妹夫，答应协助英格兰参战。一切准备就绪后，英格兰军队起航了。他们乘船渡过英吉利海峡，后到达加来。爱德华作为总司令，在克拉伦斯和格洛斯特的陪同下，亲率大军出征。起初，一切进展顺利，所有的欧洲国家都饶有兴趣地在一旁观战。但是在他们登陆后不久，大麻烦出现了。勃艮第公爵和爱德华就某事产生了争执，两人的分歧大大延误了战争计划的落实造。军队缓慢地向法国边境开进，但两个月过去了，战事没有取得任何进展。

法王路易是一个非常精明狡猾的人。就在此时，他得出结论，比起与对方开战，收买敌人是更好的方法。于是，他不断派出使者和谈判代表潜入爱德华的营地，开出各种各样的价码，以争取时间使他能够通

当时的法王路易十一

过送礼和贿赂，收买这次远征军中所有重要的将领与谋士。他偷偷地给每个他认为能够对爱德华的想法产生影响的人送上一大笔钱。他还提出想与爱德华签订条约，并找出种种借口，总之是要送给爱德华一大笔钱。其中一大笔钱是为玛格丽特王后所付的赎金，路易提出支付的赎金是五万克朗。

除了承诺支付条约里约定的款项，路易还立刻献上许多价值连城的礼物。一天，正当谈判进行时，他把三百马车全法国最好的葡萄酒送到了英格兰军营，作为送给国王的礼物。

一次，在战斗快开始前，爱德华派了一名传令官为路易送信。信中的语言充满挑衅和无礼。而路易不但没有恨恨地把这当作侮辱，反而非常礼貌地款待了传令官，并与他进行了长时间的友好交谈。最后在他临走时，往他的钱包里塞了300克朗，并承诺一旦两国实现和平，他会再送给他1000克朗作为报答。他还送给他一块"30厄尔[①]长"的深红色天鹅绒。当时，对于这种军人出身的传令官来说，收到深红色天鹅绒这样的礼物要远比收到金钱更让他高兴。

---

① 厄尔是古代计量单位，1厄尔相当于现在的45英寸。——译者注

第九章 爱德华统治的终结

当然，这些馈赠使爱德华和他几乎所有的追随者们都欣喜异常，也使他们很愿意去聆听路易提出的任何建议。最后，在经过各种长期的谈判后，两国最终达成了协议，路易提出，在协议最终执行时，他希望和爱德华进行一次会面。

爱德华有条件地同意了他的请求。这次会面的地点以及当时所作出的种种安排，成为爱德华统治时期最匪夷所思的一件事情。

爱德华似乎根本不相信路易会如此友好，他害怕会发生任何背叛，因此，在事先没有做好万全的保卫措施前，他并不敢和路易见面。于是双方商定，会面在一座桥上进行。路易和他的人从一头上桥，爱德华和他的人则从另一头上桥。为了防止任何一方抓住并带走对方的人，桥中央设置了结实的木制路障。根据安排，法国国王走到路障的一侧，英格兰国王走到另一侧，两人可以隔着路障相互握手、交谈。

这次特殊的国王会晤在一个叫皮基尼的镇子举行，签订的条约史称《皮基尼条约》。镇子位于索姆河旁，靠近亚眠，当时是一个非常靠近法国边境的地方。

会面的日期定在1475年8月29日。路障事先已设置妥当。它由结实的木棍做成，木棍互相交叉形成一个个格栅，就像以前用来关熊、狮子和其他野兽的笼子一样。木棍之间的空隙只够让一个人的手臂通过。

法王先走到格栅边，当然，他是从法国那边走过来的。他身后跟着10到12个随从，都是些有身份有地位的人。国王本人为了当天的会面还特意穿上了盛装。

他所穿的礼服是用金丝织成的，上面有一个巨大的鸢尾——当时这是法国王权的象征。鸢尾上则缀满了华丽的宝石。

当路易和他的随从到达路障边后，爱德华也在友人的陪同下走到了另一边。他们来到路障前，两位国王相互频频鞠躬并向对方致以问候。他们还通过格栅握手致意。法王非常礼貌而谦恭地问候了爱德华。"陛下，"他说，"非常欢迎您的到来。在场的人没有谁比我更渴望见到您了，感谢上帝，我们在如此欢乐的气氛下会面了。"

在这些客套的开场问候和仪式结束后，随从呈上了一本祈祷书，也就是那时所说的弥撒书，以及一个十字架。这些物品被放在格栅上方两位国王都可以触摸到的地方。两位国王都将双手放在这两件物品上——一只手放在十字架上，另一只手放在弥撒书上——他们对着这些圣物庄严地宣誓：诚实地遵守双方的约定。

爱德华四世与法王路易十一握手言和。詹姆斯·威廉·埃德蒙·道尔(1822—1892)绘于1864年

正式的程序结束后,两位国王又愉快地交谈了一会儿。法王邀请爱德华来巴黎进行访问。当然,这是一个笑话,因为爱德华立刻会想到,去了巴黎就等于把自己送到路易的手掌心里,这就好比接受一只狮子的邀请去它的巢穴做客。双方的君主和随从都被这个玩笑逗乐了。路易向爱德华保证,巴黎有许多能给人带来快乐的姑娘,还有许多消遣方式。如果他去巴黎,将会玩得非常愉快。"这位是红衣主教,"路易边说边转向身旁的波旁红衣主教。他站在路易的随行人群中,看得出是一位地位很高的神职人员,同时也是一个散漫的人。"你在巴黎想犯任何错都可以,因为他会保证上帝会轻而易举地赦免你。"

爱德华和他的朋友都被路易幽默的打趣逗笑了。接着,爱德华也妙语连珠地做了许多回答,他还特别拿红衣主教开玩笑。他知道,这位主教"和女士们在一起时总是很开心,而且还是美酒的好朋友。"

双方相谈甚欢,聊天持续了很久。最后,两位国王再次隔着格栅握了手,然后各自离开。这次不同寻常的会晤就此结束。

这个在皮基尼桥上订立的条约有几项非常重要的条款,列举如下:

第九章 爱德华统治的终结

一、路易为玛格丽特王后支付50000克朗的赎金,爱德华一回到英格兰,需立即将她从伦敦塔释放,并将她送至法国。

二、路易当场付给爱德华现金75000克朗,以后每年付50000克朗。

三、路易的儿子,法国王太子,将与爱德华的长女伊丽莎白结婚。如果伊丽莎白意外去世,那么将改娶他的次女玛丽。鉴于王子与公主目前尚未成年,所以婚礼延迟举行;但双方郑重约定,一旦王子和公主到达适婚年龄,则立即举行婚礼。无论当约定执行之日到来时遇到怎样的困难,双方都应严格遵守这一约定。

四、最后一条,两国国王约定休战七年。期间,禁止两国之间发起任何敌对行动,同时允许两国之间进行自由贸易往来。

签订条约时,克拉伦斯和国王在一起,他与其他大臣一致表示赞成,但理查却没有任何表示。他非常希望双方继续开战;让他感到愤怒的是,他的兄长竟然被礼物和赔款所收买,受到花言巧语的哄骗,最后答应与法国和平相处。在他看来，这是非常可耻的。他没有公开表达不满，但他拒绝出席桥上的会面。和平条约签订后，爱德华和军队一起打道回府。理查也随众人一起返回，但一路上却闷闷不乐。

英格兰人民也很不高兴。你可能已经注意到了，条约之所以能够签订，是因为路易向爱德华及其身边的重臣赠送了大量供他们私用的礼物和金钱，而爱德华做出的让步并没有给国家带来任何好处或给百姓带来任何福利。因此，人们都认为爱德华和他的大臣们明目张胆地集体接受贿赂，为了换取一己私利牺牲了整个王国的荣誉。正因为如此，人们才非常气愤。

与法国休战后，爱德华在位期间发生的第二件大事就是他与克拉伦斯之间再度爆发了争执，并最终导致了可怕的危机。这件事的起因是爱德华剥夺了克拉伦斯的一部分财产。从法国回来后，国库吃紧，爱德华陷入巨大的财政危机中。当初大笔钱花在了为远征做准备上，他因此欠下巨大的债务。但议会和英格兰人民却不愿为此买单，因为他们对他做出与法国休战的决定非常不满。

尽管从路易那里得到了不少贿赂，但爱德华还是急需钱。最后，他命令议会通过了一项法律，宣布重

第九章 爱德华统治的终结

新收回所有已经分给他们三兄弟的王室遗产，并归国王所有。这可气坏了克拉伦斯。的确，他从妻子那里继承了沃里克的财产后已经变得非常富有，但这并不意味着他乐意心甘情愿地被兄弟打劫。因此，他公开表达了对这个法令的不满。这件事也让两人进一步交恶，导致他们在很多场合相互指责、埋怨。最后，克拉伦斯再也忍受不了爱德华的独断专行，他和妻子伊莎贝拉一起离开了伦敦，搬到图克斯伯里附近的一座城堡，在那里愤懑不平地隐居了起来。当时，兄弟两人及支持他们的两派之间已经积怨深重，致使每个参与这场斗争的人惶惶不可终日，生怕被对方投毒、诅咒或施巫术加害。

那个时候，每个人都十分相信巫术。当时有一种令人谈之色变的巫术。据说，某些人有一种能力，他们能够通过对某个人进行诅咒而暗中杀死他：他们先用蜡和其他类似的材料制作一个加害者的人像，这个人像就代表着遭到巫术和咒语毁灭的那个人。然后，日复一日，这个人像会被一点点地慢慢溶掉。当人像融化时，那个毫不知情的受害者就会渐渐变得憔悴，最后，当人像彻底化完时，这个人就会死掉。

在克拉伦斯离开宫廷去图克斯伯里不久后，他的妻子伊莎贝拉生下了第二个儿子。这个孩子取名为理查，史称"克拉伦斯的理查"。孩子出生后，伊莎贝拉的身体再也没有完全恢复，精力也大不如前。她变得日渐憔悴，身体每况愈下，在生产完两三个月后就去世了。

克拉伦斯认定妻子不是自然死亡。他相信是某人下毒或用巫术要了她的命，如同之前的描述所提到的那样。他公开指控王后是背后主使，暗地里雇佣巫师或杀手做了这一切。过了一段时间后，他确信一个名叫安卡拉特·图恩胡的女人正是王后所雇的杀人凶手。于是克拉伦斯瞅准机会，有一天，当这个女人独自在家、四下无人保护时，他派了一队带着武器的人偷偷地来到她的住所，然后破门而入带走了她，最后把她带到了沃里克城堡。在那里，克拉伦斯对她进行了所谓的审判。她被判处死刑，并立即执行。他指控她在公爵夫人的一杯麦芽酒里下了毒。对这个女人的审判过程是如此简单，以至于这个可怜的女人在来到城堡三个小时后就死在了里面。

当然，这件事使爱德华和王后大为震怒，他们从此对克拉伦斯更加地仇视了。

之后不久，爱德华和克拉伦斯的妹夫，在许多战

第九章 爱德华统治的终结

争中作为爱德华盟友的勃艮第公爵查尔斯在战斗中被杀死了。他留下一个女儿玛丽,但因为是前任妻子所

勃艮第公爵查尔斯之死。奥古斯特·费延·佩兰(1826—1888)绘于1862年

生,所以玛格丽特是她的继母。因为查尔斯生前拥有巨大的产业,所以在他死后,玛丽就成了一个富有的继承人。此时,克拉伦斯的妻子已经去世,因此他心里盘算着想娶玛丽做第二任妻子,并立即开始为此事积极运作起来。玛格丽特赞成这个计划,但爱德华和王后伊丽莎白一听说这个消息,就开始费尽心思地从中作梗,意图破坏这个计划。

他们之所以反对这场婚姻,一方面是出于对克拉

伦斯的仇视，另一方面是因为他们已经对玛丽的婚姻有了安排。王后想把这位年轻的女继承人许配给她的一个弟弟。爱德华则另有打算，他准备让玛丽嫁给麦克西米兰公爵。最终，爱德华的计划成功了，而克拉伦斯则未能如愿。当克拉伦斯发现他与这个能给他带来无数财富和极大势力的新娘失之交臂居然是由于爱德华从中作梗，并且竟然还把她送给了令他讨厌的对手麦克西米兰时，他暴跳如雷。他用最恶毒的语言咒骂国王来发泄满腔的怨恨和愤怒。

就在这时，国王的一个贵族朋友去世了。国王指控是一位为克拉伦斯效力的牧师用巫术害死了他。这位牧师被逮捕并遭到严刑拷打，最终他不得不承认了自己的罪行并供出了他的同谋。牧师坦诚交待有一名叫伯德特的人是他的共犯，他是克拉伦斯的家臣，此人平日里同克拉伦斯关系亲密，深得克拉伦斯信任。

于是这份口供被作为定罪证明，牧师和伯德特被立即处以死刑。

此时，克拉伦斯已经气急败坏。他再也不能控制自己，径直闯入国王的会议室，在那里当着众多贵族的面用最恶毒、最愤怒的语言破口大骂国王。他指责国王不但处事不公而且心狠手辣，声色俱厉地把国王

第九章 爱德华统治的终结

和他的同僚连带所有在场的人骂了个狗血喷头。

当时国王并不在场。得知克拉伦斯的所作所为后，他说克拉伦斯违背了国家法律，对政府产生了恶劣的影响。他下令立即逮捕克拉伦斯并把他关进伦敦塔。

过了不久，国王召开议会，把他的弟弟从伦敦塔的监狱里带到了众人面前。国王在上议院法庭以最严重的罪行对他进行了指控，依照自己的意愿给他扣上了许多罪名。克拉伦斯被指控密谋叛国、阴谋废黜国王、剥夺国王后代的继承权、妄图自己称王并且蓄意诽谤国王，企图通过贿赂、捏造事实来引诱他的臣民不再效忠国王；他还被指控加入兰开斯特集团，承诺帮助他们夺回被没收的产业。而作为交换，兰开斯特集团会帮助他篡夺王位。最后，他更被指控秘密组织武装力量，意图伺机发动政变。

克拉伦斯言辞激烈地否认了所有指控。国王则坚持这些指控证据确凿，并唤来许多证人前来作证。当然，无论这些指控是真是假，要找足够多的证人来提供所需的证词简直易如反掌。贵族们严肃地听取了双方的指控和辩护。事实上，所有的英格兰人似乎都在袖手旁观，他们静静地看着这场可怕的兄弟纷争发展到如此地步，全都震惊得哑口无言。错愕之时，众人早已预料到悲惨的结局,这是注定会发生的。

无论议会议员们认为这些指控是真是假,对于他们来说,为了自己的安全着想,现在只有谨慎地投赞成票一个选择。结果克拉伦斯被判处死刑。

很快,死刑判决投票通过了,克拉伦斯再次被关进伦敦塔。

尽管爱德华亲自判处了克拉伦斯死刑,但他似乎有意回避开了他的行刑。克拉伦斯的死刑并没有公开执行。但一段时间后,有消息传出,说克拉伦斯已经死在了监狱里。人们认为,杀手受雇偷偷进入了关押他的房间杀死了他。尽管没有确凿的证据证明,但大家都相信,应该是理查安排了这一切。①

克拉伦斯死后,爱德华心头的怒火渐渐地平息了。他慢慢地冷静下来,开始为他所做的事感到自责与懊悔。于是,他试图通过饮酒作乐来掩盖自己的痛苦。他开始不理政务,也不再关心妻子与家庭,每天不是花大把的时间与侍女们寻欢作乐,就是与纨绔子弟们花天酒地。在玩乐中他挥霍无度,愚蠢地把自己继承

---

① 当时坊间流传着一个关于克拉伦斯之死的离奇传闻,说他是被他的兄弟们溺死在了一大桶马姆齐白葡萄酒里。但没有任何证据能证明这个传闻是真的。——原注

第九章 爱德华统治的终结

的遗产和财富消耗殆尽。除了沉湎于酒色,他还有其他多种娱乐方式。他曾举行过有许多侍女参加的狩猎聚会;在狩猎场上,他用艳丽的丝绸为这些侍女们搭建帐篷。他曾在华丽的服饰上花费大把金钱,他自认为很有魅力,并且为周围女性对他的爱慕而深感得意。

在他众多的女性爱人中,最引人注目的当属著名的简·肖尔。她的丈夫是一位受人尊敬的伦敦公民。爱德华引诱她离开她的丈夫,并诱惑她进入宫廷和他住在一起。下面我们会讲到更多关于她的故事。

就这样过了大约两年,战争在苏格兰的边境爆发了。爱德华沉溺于享乐,现在根本无法亲自率军出征,于是派理查代他前去。理查非常高兴哥哥爱德华能留在家里,在酒色与女人中消磨意志以及在整个王国的影响力。而他则统帅千军,驰骋沙场,赢得爱德华正在失去的民心。于是,他率领军队去战斗了。

这场战争一打就是好几年。苏格兰国王有个弟弟——奥尔巴尼公爵,他妄图篡位。这正是爱德华指控弟弟克拉伦斯犯下的罪行,也正是克拉伦斯丧命的原因。然而奇怪的是,这次爱德华居然站出来支持苏格兰的这个克拉伦斯,而且帮助他推翻哥哥并登上王位而做了详细周密的计划。

正当理查采取各种手段来执行这些计划，并且处心积虑地为自己打算时，爱德华突然驾崩。这使他的所有计划和希望全都泡汤了。放荡的生活搞垮了爱德华的身体，他最终病倒了，而且病得很严重。在他生病时，又发生了一件使他心烦意乱的事，这件事让他不胜其烦。

读者们大概会记得，爱德华与法王路易在皮基尼桥上签订条约时，同时为路易的长子——法国王太子与爱德华的女儿订立了婚约。双方约定，只要孩子们成年，到了适婚年龄，就为他们举行婚礼。路易当时对着祈祷书和十字架庄严起誓，绝不会违背诺言。

但如今几年过去了，情况发生了很大的变化，路易不愿意再遵守这个承诺。爱德华的盟友勃艮第公爵已经死了，他的女儿玛丽，曾让克拉伦斯大失所望的那个女孩，成了玛丽公爵夫人。她嫁给了马克西米兰，并继承了父亲的领地和财富。这些领地与法国相邻，法王对它们觊觎已久，早想将它们收入囊中。但因为惧怕爱德华，他才在第一时间殷勤地提出与英格兰联姻的请求。而如今，因为爱德华整日寻欢作乐，身体已非常虚弱，早已不会对法国构成威胁，所以路易想抛开英格兰，转而与勃艮第结盟。

第九章 爱德华统治的终结

公爵夫人玛丽有三个都还年幼的孩子,最大的菲利普也只有3岁。

婚礼上的玛丽与马克西米兰公爵。绘于1885年

就在这时,一件意外之事发生了。公爵夫人玛丽与几个朋友带着猎鹰去附近的布鲁日行猎。他们一边放出猎鹰去捕捉苍鹭,一边骑马在后边追赶。公爵夫人的马一跃而起时,固定马鞍的肚带突然绷断。公爵夫人随即被甩下马,整个人撞到了树干上。她被救起后,立即被送到附近的一所房子里。但因为伤势过重,她很快就死了。

当然,这样一来她的头衔和财产会传给她的孩子们。她的第二个孩子是一个女孩,名叫玛格丽特,大约有两岁。路易立即决定废弃王太子与爱德华之女玛丽的婚约，让他与这个小玛格丽特联姻。虽然在运作过程中遇到了相当大的困难和延误，但最后他终于促成了这件事。当谈判正在进行时，爱德华就察觉到有些不对劲，但随后路易向他保证什么事都没有发生，并编造出各种虚假的故事和借口来安抚他。

最后，当一切已成定局后，路易的新计划才公之于众。为了庆祝，巴黎还举行了盛大的游行和欢庆活动。收到消息的爱德华恼羞成怒，但又无可奈何。他躺在病榻上辗转反侧，一面不停地咒骂路易的不忠和背叛，一面又哀叹自己重病缠身，无法做任何事去报复路易对他的侮辱。

他又气又恼，整日心神不宁，这无形中加速了他的死亡。当他发现自己时日无多时，就开始为自己曾犯下的罪恶忏悔了，这又使他生出一种新的担心、焦虑。他开始重新审视他主导的那些不公且暴力的事件，曾经做的恶在脑海里变得愈发清晰。他惊恐地预感到上帝已经愤怒，并即将对他进行审判，莫名的惊恐之感如影随行。在悲痛中，他试图对他曾经犯下的最严重的罪过做一些弥补，但是已经太晚了。在痛苦和悲伤中挣扎了一两个星期后，他驾崩了。

第十章

格洛斯特公爵理查与爱德华五世

精彩看点

爱德华死讯产生的影响——伊丽莎白·伍德维尔王后的担心——爱德华尝试促成和解的努力——将年轻王子送往伦敦的计划——格洛斯特公爵理查的行动——给王后的信——他到达北安普敦——国王在斯托尼斯特拉福——行动和诡计——被扣押的贵族——捉住国王——小国王很害怕——格洛斯特公爵做出的解释——爱德华五世大吃一惊——无助地落入格洛斯特公爵之手

第十章　格洛斯特公爵理查与爱德华五世

爱德华四世驾崩的消息很快传遍了英格兰。消息所到之处，人们都非常焦虑，没有人知道接下来会发生什么事。爱德华四世留下两个儿子。长子威尔士亲王爱德华，当时大约13岁；幼子理查，当时大约11岁。当然，威尔士亲王爱德华此时是王位的合法继承人，排在他之后的是他的弟弟以及他们的叔叔格洛斯特公爵理查。但众所周知，格洛斯特公爵是一个胆大包天而且厚颜无耻的人，所以大家都怀疑他是否会承认年幼侄儿的继承权，抑或是立刻篡位。

此时，格洛斯特公爵理查正在英格兰北部率军作战。由于他手握重兵，人们越发担心他会谋反。其中，最担心的人是两个王子的母亲，刚刚丧夫的伊丽莎白王后，她非常惊慌。孩子们年龄还小，既不能完全意识到他们所面临的危险，也不能协助母亲自救。她所能依靠的人只有她的哥哥里弗斯伯爵。她的大儿子爱德华正由里弗斯照顾，舅甥两人一同居住在拉德洛城堡；伊丽莎白王后则带着幼子住在伦敦。

国王驾崩后，宫廷立即召开会议仔细商讨善后事宜。议会颁布法令，威尔士亲王将继承王位，加冕日期定于5月4日。人们立即为里弗斯伯爵送去消息，让他即刻带小王子赶到伦敦，以便加冕仪式能够按期举行。伊丽莎白王后参加了这次会议，她希望议会能够下令让她的哥哥带着所有人马一起前来，这样就能在途中保护王子了。

现在大臣们与贵族之间出现了很大的分歧。王后与她家族的亲信组成一个阵营，英格兰的其他贵族则组成另一个阵营。他们彼此憎恶、仇恨。英格兰的贵族们从未对爱德华四世的婚姻感到满意，他们非常嫉妒王后的家人和亲信的势力。爱德华四世在世的时候，这种不满在某种程度上一直受到压制，即使在他弥留之际，他仍然拼尽全力想让双方握手言和。他曾把斗争双方的贵族首领召集在一起，费力地走到他们中间，力劝他们忘记分歧，彼此和睦相处。他的努力当时似乎起到了效果，双方都同意讲和，并郑重发誓今后将

威尔士亲王,即后来的爱德华五世的画像

和平相处。但现在国王驾崩了,矛盾再度爆发了。其他贵族非常嫉妒并怀疑伊丽莎白的每一个提议,特别是一些有关她的家族继续掌权或扩大影响力的建议。因此,当她在会议中提出要召回伯爵,并要求他派兵护送年轻的爱德华王子来伦敦时,众人都表示反对。

"派兵是为了对付谁?"一位议员这样问道,"是为了保护年轻的王子吗?谁是他的敌人?他没有任何敌人,派兵前来的真正动机不是为了保护王子,而是想要保持并继续壮大伍德维尔家族的势力。"

这位议员指责王后她的建议及其企图壮大家族势力的野心违反了他们在已故国王弥留之际所立下的誓言。因此,议会拒绝授权伯爵派兵护送王子。王后失望地流下了眼泪,虽然又气又恼,但她不得不放弃这个计划。至少从表面上看,她是放弃了。但她还是设法私下暗示了伯爵,所以当伯爵带着年轻的王子离开城堡时,身后还是跟着一大队人马。有人称他带了大约2000人一同前往伦敦。

与此同时,接到爱德华四世的死讯后,格洛斯特公爵立即交代好手头的事情,准备动身赶往伦敦。他命令他的军队为国王哀悼,并给王后寄去一封非常尊敬、感人的吊唁信。他在信中郑重宣布自己效忠她的

第十章 格洛斯特公爵理查与爱德华五世

儿子威尔士亲王,承认他为合法的王位继承人,并承诺会对他尽忠。

看到这封信,伊丽莎白王后终于松了一口气。一开始她不认为格洛斯特公爵会支持她和她的家族,并帮助他们一起对抗敌人。

当格洛斯特公爵到达约克时,他在600名身着重孝的骑士陪同下举行了一个庄严的入城仪式。他骑行在葬礼队伍的最前方向着教堂行进,国王盛大的葬礼将在那里举行。他在公众面前表现出的痛失兄弟的悲恸之情是那么真实,让人们印象深刻。

在约克短暂停留后,格洛斯特公爵继续率军南下,以便追上爱德华王子和里弗斯伯爵的队伍。

就在爱德华王子、里弗斯伯爵与护送的军队到达斯托尼斯特拉福镇时,格洛斯特公爵到了北安普敦镇,两地相隔只有几英里远。伯爵听说格洛斯特公爵就在附近,于是就带着格雷勋爵和几名侍从骑马折回北安普敦,代表年轻的国王问候他。因为他们认为,此时爱德华在父亲死后已成为英格兰国王爱德华五世。

格洛斯特公爵十分友好地招待了来客。他邀请他们共进晚餐,盛情款待了宾客和他邀请前来作陪的朋友们。他们把酒言欢,转眼天色已晚;在这种情况下,伯爵和格雷勋爵无法赶回斯托尼斯特拉福镇了。于是格洛斯特公爵让他们住在北安普敦。他在镇上为他们安排了住处,并秘密地派一队人马看守,以防他们逃跑。第二天清晨,两人醒来后惊讶地发现他们似乎被卫兵软禁了,接着看到镇上所有的街道都布满了军队。他们怀疑有人叛变,但是他们认为草率地说出自己的怀疑似乎不太谨慎。当格洛斯特公爵清晨再次见到他们时,仍然和之前一样友好,并提出要陪他们一起回斯托尼斯特拉福,因为他也想去看望新国王。伯爵答应了他的请求,随后他们便一同出发。

和格洛斯特公爵一同前往的是他的一位朋友和支持者白金汉公爵。这位公爵曾经是宫廷中王后家族反对派的代表之一。他们二人同里弗斯伯爵和格雷勋爵一起,骑着马一路说笑着向斯特拉福前进。格洛斯特公爵命令他的部队紧紧地跟在他们后面。他们就这样一路走着,最后到了接近镇子的地方。

这时,格洛斯特公爵突然撕掉了伪装。他指责里弗斯伯爵和格雷勋爵蛊惑了国王,对国王产生了邪恶的影响,说他有义务让国王不受他们的控制。

接着,格洛斯特公爵发出信号,全副武装的士兵走上前来逮捕了这两个贵族。格洛斯特公爵、白金汉

第十章 格洛斯特公爵理查与爱德华五世

公爵和他们的随从快马加鞭地向城内进发。那些留下来和年轻的爱德华五世在一起的人似乎得到了什么消息，因为当格洛斯特公爵和他的人马抵达时，他们正在逃跑。马鞍已经备好了，年轻的国王正要上马。

格洛斯特公爵到达后立即接过指挥权。他没有对他的侄子行礼，似乎根本没有把他当作国王。他只是告诉国王现在他的安全由他负责。

"所有和你相关的人，"格洛斯特公爵说，"都在密谋杀害你，但我会保护你的。"

然后，他下令将爱德华五世身边几位管事的随从抓起来，其余的随从则被遣散。而里弗斯伯爵率领的大队人马则下落不明。他们是遵照格洛斯特公爵理查的命令被遣散，还是背叛了伯爵加入了理查的队伍，这一切都不得而知。无论如何，格洛斯特公爵理查没有遇到任何反抗。里弗斯伯爵、格雷勋爵和其他人先是被监禁，接着被当作囚犯送往北方，爱德华五世则被格洛斯特公爵带回了北安普敦。

小国王几乎不知道发生了什么事。他非常害怕。看到所有的朋友、服侍他很久的随从以及很多与他关系密切的人都被抓起来或被驱逐，而他身边全都换上了陌生人，他吓得哭了起来。尽管他是国王，是统治数百万人的君主，但在他叔叔面前他是那么地无助。他不得不任由叔叔摆布，被迫接受叔叔为他做出的各种安排。

　　将这些事情处理完毕后，格洛斯特公爵已经把权力牢牢掌握在自己手中。他对年轻的国王解释了他之所以这样做的原因。他说，里弗斯伯爵和格雷勋爵以及他们的同伙"曾密谋控制国王和整个国家，挑起地方之间的矛盾，并企图破坏王室高贵的血统。"于是他及时把爱德华五世从他们的圈套中救了出来。他还告诉爱德华五世，他母亲与前夫所生的儿子，也就是他那曾担任过伦敦塔总管的同母异父的哥哥多赛特勋爵从城堡中拿走了许多国王的珍宝，并把其中的大部分经海路运出了英格兰。

　　听到这些话，小国王目瞪口呆，一时不知道该说什么。最后他说，他从未听说母亲家族的成员怀有这样的图谋。他不相信这些指控是真的。但格洛斯特公爵理查向他保证，他所说的千真万确，因为"他的亲戚们有意隐瞒他们的勾当。"无论对这个回答是否满意，爱德华五世沉默了。此时反抗是徒劳的，所以他不得不屈服。在叔叔的监视下，他被送到了北安普敦。

第十一章

避难

精彩看点

王后听到消息大惊失色——大主教来访——黑斯廷斯的口信——格洛斯特公爵的心思不为人知——逮捕伍德维尔派的头目——王后"仓皇出逃"——她的女儿们——庇护所介绍——耶路撒冷厅——格洛斯特公爵的加冕计划——格洛斯特公爵一行在伦敦受到欢迎——多赛特——王后的朋友被驱逐——格洛斯特公爵的头衔——英格兰人的忧虑——王后的悲惨处境

第十一章 避难

国王在来伦敦的途中被格洛斯特公爵理查抓住的消息传到伦敦后,全城出现了骚动。伊丽莎白王后更是惊恐万分。此时已是午夜时分,她正在威斯敏斯特宫。忧心忡忡的她立即起身,准备带着她的幼子约克公爵逃往庇护所。她周围的所有朋友听到消息也都急忙起身,赶来帮忙。整个宫殿很快陷入混乱。每个人都在忙着将衣物和其他必需品打包装箱、收拾金银细软和各种贵重物品,然后将它们一一转移到安全的地方。在一片忙乱中,王后一人瘫坐在地毯上,衣冠不整,长发凌乱,愁眉泪眼,陷入了绝望。

爱德华四世在世时有一位挚友,贵族黑斯廷斯勋爵。国王驾崩后,他和王后一直保持着非常亲密友好的关系。然而,由于他先前在议会上反对派兵护送年轻的国王到伦敦，因而得罪了王后。清晨快到了，王后还在惊慌失措地为逃跑做准备，这时她收到黑斯廷斯带给她的一个令人振奋的好消息，并请她切勿惊慌。捎来口信的是一位大主教，他同时是掌玺大臣，任何皇家法令必须加盖国玺才能生效。主教专门前来把国玺交给王后，同时带来了黑斯廷斯勋爵的口信。

"啊，呜呼哀哉！"当大主教告诉她黑斯廷斯勋爵叫她不要害怕时，王后哀叹道，"是他害得我如此痛苦！他想要毁掉我和我的骨肉！"

"夫人，"大主教说，"请别担心。我向你保证，现在您的长子在他们手上，如果他们拥立除了他之外的任何人做国王的话，我们也会在第二天拥立他的弟弟，也就是和您在一起的幼子为国王。这是国玺，当初您高贵的丈夫把它交给了我，现在我把它交给您，供您儿子之用。"说着，大主教把国玺交到了王后的手里，随后便离开了。此时天还未亮。

大主教的话并没有让王后感到太多宽慰。事实上，她最担心的并不是孩子们或长子能不能继承王位，而是担心在她的儿子继位后，她和自己母家的势力会不会受到影响。丈夫在世时，她曾费尽心思地把几乎所有重要的政府部门及其相关职位的任免权都把持在自

大主教在与伊丽莎白王后对话,站在王后身边的是她的幼子理查。约翰·卡塞尔绘

理查三世

己和伍德维尔家族人的手里。你应该还记得,当时这引发了多大的矛盾,宫廷内部还因此形成一个强大的阵营来反对王后和外戚。现在,她的丈夫死了,格洛斯特公爵理查从她的亲信那里抢走了年轻的国王,并把她的亲信当作囚犯流放到北方。但她所担心的并不是格洛斯特公爵会对年轻的国王不利,而是她与整个伍德维尔家族的荣华富贵会因此而不保。她猜想格洛斯特公爵现在肯定会把权力交到其他家族手中,并将她的家人流放,他甚至可能控告她,对她进行审判,惩罚她实行弊政或给她安上其他政治罪名。这些才是她真正害怕的,她对此的担心远甚于对任何人反抗爱德华五世统治的担心。这也是她如此匆忙逃亡去寻求庇护的原因。

然而,人们并不确定格洛斯特公爵接下来要干什么。他的随从全都对年轻的国王毕恭毕敬。抓住国王后,他立即派了一名使者到伦敦,解释了他这样做的意图和动机,并斩钉截铁地说他的唯一的目的是不让国王落入伍德维尔家族手中,而决不是反对国王继位。

"没有任何理由,"他在信中说,"并且无论如何也不能让我们年轻的国王,同时也是我们的君主和亲人被他母家的外戚所控制,也决不允许他们将他藏

第十一章 避难

起来，远离我们的陪伴和侍奉。无论这些阴谋哪个得逞，都是国王陛下和我们做臣子的奇耻大辱。"

因此，格洛斯特公爵谎称他抓住国王是为了阻止国家大权落入外戚手中。随后，他果断地处置了伍德维尔家族的主要成员，这让许多人怀疑他其实是在暗中策划更大的阴谋。

我们前面说过，在国王被抓时，他身边的所有人都成了阶下囚，并被送到北方的一座城堡关押。为了防止那些当时在伦敦或在伦敦附近的人逃跑，格洛斯特公爵立即从北安普敦派出人马逮捕了他们，接着派兵把守，防止任何人逃跑。当前去看望王后的大主教从王宫出来准备离开时，他透过窗户，在蒙蒙的天色下看到几只船停在泰晤士河上，好像在准备拦截任何从伦敦塔里出来意欲从河上逃跑的船只。因为当时王后家族的好几个重要成员都住在塔里。

然而当事情发生时，王后本人正在威斯敏斯特宫。因此她跑出去不远就躲到了大教堂里。

威斯敏斯特被围墙圈出的神圣区域非常大，任何人不得从这里将囚犯带走。这片区域不仅包括威斯敏斯特大教堂，还包括教堂的花园、墓地、修道院院长的住所、修道院以及围墙内其他各种建筑物和庭院。

一踏进这里，王后立刻瘫倒在大厅的地板上。她孤身急出逃，无处话凄凉。当时正是5月，大厅中巨大的壁炉里塞满了树枝和花草，而地板上，按照当时的习俗，则撒满了绿色的灯芯草。一时之间，王后太过悲伤，结果她几乎没有意识到此刻身在何方。但很快，她就想起，为了自己和家人她要在新住所安顿下来，于是立即从失望中振作起来。她身边带着好几个孩子。两个漂亮的女儿伊丽莎白和塞西莉，她们一个17岁，另一个15岁。还有幼子约克公爵理查以及几个年龄更小的孩子。最小的是布里吉特，当时只有3岁。后来，长女伊丽莎白成了王后，而小布里吉特则当了修女。

当时一位作家曾详细描述过王后和家人在这里避难时所住的房间。塞满了花草树木的壁炉位于大厅中央，屋顶上方有一个用来排烟的开口，也就是通风口。这个壁炉今天仍在大厅里，屋顶上的通风口也在。大厅的尽头是装饰着橡木制成的格子花纹的镶板，下面将会讲到它的功用。有的镶板做成了门，门后是盘旋而上的楼梯，楼梯通向一个个神秘的小房间。这些房间建在墙壁和塔身之间的空间中，位于拱门之下，有些供私人使用，有些用作储藏室、厨房或者洗衣房……房

伊丽莎白王后的女儿伊丽莎白的画像，绘者信息不详

间的尽头则是修道院院长的私人起居室和书房。从院长房间的窗户向外俯瞰，能看到一个漂亮的花园，花园有一条由回廊延伸出去的小径。小径直通大厅门上的格栅窗。通过格栅窗，院长可以随时看到下面大厅内部的情况，观察修道士们的一举一动，而不用担心被别人看到。

除这些房间之外，这里还有一些被称为"议会厅"的大房间，它们主要用来举行一些大型的公开活动。这些房间更大、更豪华，也更加富丽堂皇。房间里雕梁画栋，装饰着彩色玻璃窗和其他各种饰品。其中有一个叫"耶路撒冷厅"的特别房间，它是修道院院长的会客厅。里面有个装着彩色玻璃的哥特式大窗户，墙上挂满了花样奇特的挂毯。房间里的窗户、挂毯和其他所有装饰品至今仍保存完好。

王后和家人是5月3日夜到这里"避难"的。第二天，也就是5月4日，是议会确定的国王加冕日。但理查在控制国王后并没有马上回到伦敦，所以国王在定好的日子无法加冕了。

然而，我们并不肯定格洛斯特公爵那时是否真的有意篡位。因为一进入伦敦，他便立即组成了一个盛大的游行队伍，人们如众星捧月般向年轻的国王致敬。

威斯敏斯特大教堂内景一隅

格洛斯特公爵和他的随从则身着丧服。爱德华五世身穿紫色的天鹅绒斗篷,骑马走在游行队伍最显眼的位置。在离伦敦城不远的地方,他们碰到一支由伦敦市政当局和500名公民组成的欢迎队伍。所有人都身着盛装,特意出城前来迎接他们的君主。欢迎队伍引导国王的队列一路穿过城门,进入伦敦。入城后,格洛斯特公爵立刻摘下帽子,骑马来到国王面前。他手里拿着帽子,对着国王深深鞠了一躬,让在场的人们看到他向国王表示效忠了。他还不时地对道路两侧挤在那里围观的人群大声喊道:"看啊,这就是我们的王子和君主。"

此时,人们认为格洛斯特公爵把国王带回首都后,有可能会先将他送到伦敦上城区的威斯敏斯特宫或者伦敦下城区的伦敦塔。伦敦塔虽然经常被用作监狱,但当时它其实是一座城堡,国王和王室成员们经常住在那里。然而,格洛斯特公爵并没有先到达其中任何一个地方,而是直接去了城中心的圣保罗大教堂的主教宫殿。他把那里当作朝堂,在那儿召开了有贵族和国家高级官员参加的议会。几天后,法令开始在那里执行,国家政令也开始从那里上传下达,这一切都是以爱德华五世的名义进行的。此外,国家还开始发行

第十一章 避难

印有爱德华五世肖像和铭文的新币。总之，从各种形式上看，年轻的爱德华五世已经成了真正的统治者。然而，如果说到实权，那自然全部掌握在格洛斯特公爵的手中。

格洛斯特公爵之所以没有马上前往伦敦塔，或许是因为王后的儿子多赛特控制着那里。多赛特是伍德维尔家族的成员，也许会给格洛斯特公爵找麻烦。但一听格洛斯特公爵到了伦敦，多赛特便立刻放弃伦敦塔，找他的母亲避难去了。于是，在主教宫殿里待了几天，所有事务安排妥当后，国王和他的所有随从便移驾伦敦塔，在那里住了下来。国王名义上回到自己的城堡，当然保护他的格洛斯特格公爵和其他贵族以及他们的随从仍随侍左右。他实际上住进了监狱，而格洛斯特公爵以及周围听命于格洛斯特公爵的人都是监狱的看守。

上议院召开了一次会议，按照格洛斯特公爵的意愿，会议对许多政务做出了安排。

伍德维尔家族的主要成员的官职都被剥夺了，他们的官位全部给了格洛斯特公爵赏识的贵族。6月22日被定为新的加冕日期。会议还宣布，鉴于国王太年轻，尚不能亲自理政，他的叔叔格洛斯特公爵理查应作为护国公,暂时代为行使权力。从法令颁布之时起,格洛斯特公爵拥有的头衔全称是:格洛斯特公爵、国王之叔、英格兰护国公和捍卫者、御前大臣、统帅及海军总司令理查。

当首都发生的事情传出去之后,整个伦敦城,准确地说是整个英格兰都异常兴奋。贵族们及大小官员都如坐针毡,焦急地不知道自己该支持哪一方或者该流露出什么样的情绪。他们不知道事情最终会怎样发展,当然也不知道该怎样做才能确保自己最后站在正确的队伍里。大街上的普通人个个神色慌张,每个人都有不祥的预感。大家聚在一起讨论着他们听到的各种传闻和谣言。他们都对国王怀有深厚的感情并且愿意效忠于他——他是那么年轻,性格那么温和,而现在身处险境,这些都加深了人们对他的同情。但格洛斯特公爵的性格令人望而生畏,这种敬畏使人们沉默,让人们感到压抑。在人们看来,爱德华五世在他的"保护者"手中就像是一只被老虎保护的羔羊。

当这一切发生的时候,王后仍然提心吊胆地躲在庇护所里。她把孩子们看得牢牢的,特别是作为继承人的幼子约克公爵。一旦格洛斯特公爵篡位,国王遭遇任何不测的话,他就是王后唯一的支柱和希望了。

第十二章

护国公理查

精彩看点

格洛斯特公爵阴谋篡位——处置爱德华四世的子女——克拉伦斯的子女——西西里夫人——贝纳德城堡——王后友人在庞弗雷特城堡的处境——黑斯廷斯勋爵——格洛斯特公爵召开会议——伦敦塔——塔中的贵族会议——格洛斯特公爵在会议中的行动——伦敦塔会议厅的场面——他示意守卫行动——黑斯汀斯被处决——送往北方的命令——处决庞弗雷特城堡的囚犯——格洛斯特公爵针对约克公爵的计划——决定抓住他——小理查命运的争议——派往伦敦塔的代表团——与王子母亲的会面——王后被迫放弃孩子——离别——王子被带走——两个王子都落入格洛斯特公爵手中

第十二章 护国公理查

　　这一章我们将讲述护国公格洛斯特公爵理查是怎样保护这个听命于他的年轻人的。

　　6月22日，举行加冕仪式的日子到了。根据英格兰的古老习俗，格洛斯特公爵的使命将随着国王的加冕而结束。当然，格洛斯特公爵马上意识到，如果他想继续掌握大权，就必须立即采取行动。

　　他开始反复考虑取代几个侄子成为国王的可能性。克拉伦斯和爱德华四世一样，死后也留下了子嗣。因为克拉伦斯和爱德华四世比格洛斯特公爵年长，所以他们的孩子比格洛斯特公爵优先继承王位。因此，为了达到称王的目的，格洛斯特公爵必须找到一些借口，将两个哥哥家的孩子们都排除在继承人的范围之外。终于，他想到了一些理由。

关于爱德华四世的子女，他假装发现了一些证据，证明爱德华四世和伊丽莎白·伍德维尔结婚前已偷偷娶了另一个女人。这样一来，他与伊丽莎白·伍德维尔的婚姻就是无效的，他们的子女自然不能继承父亲的任何权利。

至于克拉伦斯的子女，他坚称既然他们父亲的所有权利已经被剥夺，所以他们不能继承任何权利。根据当时的法律和惯例，一个褫夺公权的法令不仅对罪犯本人终身有效，而且会剥夺其子孙的所有继承权。当时这个法令不仅会毁掉罪犯本人，还会让他的家庭永世无法翻身。

然而，格洛斯特公爵并没有立即透露他的计划，而是谨慎地一步步将它们付诸实施。

首先，他需要安抚他的母亲塞西莉·内维尔夫人，人们通常称她为"约克公爵夫人"。此时她正住在泰晤士河岸边的一处古老的家族宅邸——贝纳德城堡里。格洛斯特公爵一到伦敦，便立即去贝纳德城堡看望母亲，后来也经常去那里看望她。当时他究竟向母亲透露了多少计划，而她是支持还是反对，我们今天都不得而知。如果格洛斯特公爵要求她在该计划中扮演某个角色，对她来说一定是非常困难的。一边是她尚在

第十二章 护国公理查

人世的幼子，另一边是她已不在人世的长子遗下的骨肉，她的决断关乎两个孩子的前程甚至性命。面临这样的两难选择，作为母亲，她最能判断出自己同情心的天平究竟偏向哪一边。

至于伍德维尔家族的直系成员，他们已经得到很好的"照顾"。王后和她的孩子们躲在庇护所。她的兄弟和家族的其他重要成员都沦为阶下囚，被送到北方的庞弗雷特城堡①。在那里，他们被格洛斯特公爵的人关押起来。但为防夜长梦多，格洛斯特公爵决心处死他们。这个决定很快就被执行了。

庞弗雷特城堡外景。亚历山大·科瑞克斯（1600—1652）大约绘于 1640—1641 年间

---

① 此地有时也被称为庞蒂弗拉克特。——译者注

宫廷中有些贵族和大臣对格洛斯特公爵继续掌权表示反对,看得出他们是支持年轻国王的。有些贵族虽然没有明确表明自己的立场,但其中一些已经开始向格洛斯特公爵示好了。其余的人则似乎要联合起来反对他。反对派中有一位十分引人注目的人物,他就是黑斯廷斯勋爵。除黑斯廷斯之外,还有哪些人反对他,格洛斯特公爵心里明镜似的。为了防止这些人有意制定计划针对他,并且让这些计划不能得逞,同时为了牢牢掌握朝政大权,他开始召集上议院在不同的地点开会,有时在威斯敏斯特宫,有时在国王的所在地——伦敦塔,有时会在城中心他自己的府邸。他越来越多地在家中处理政务,每天无论早晚都在家中召见大臣。于是大臣们逐渐远离了伦敦塔。很快,格洛斯特公爵在伦敦的府邸成为众所周知的最有影响的权力中心,所有奏事和领取恩典的人都聚到那里,而伦敦塔的国王则没人理会,孤单地住在那里。

伦敦塔有时仍然会召开形式上的会议,聚集在那里的贵族自然都是最坚定的保王党。

以上就是到 6 月 13 日——约定的加冕日前九天为止的政局。经过周密的计划,格洛斯特公爵准备果断采取措施,一网打尽围绕在伦敦塔国王身边的支持者。

第十二章 护国公理查

一天，当这些贵族正在塔里举行会议时，格洛斯特公爵突然走进会场，这让所有在场的人大吃一惊。他和颜悦色地落座后，就开始与在场的人亲切友好地交谈起来。他这样做是为了打消人们看到他突然出现而产生的疑心，不让人们发现他到这里来的"可怕"意图。

"尊敬的大人，"他转过身对一位坐在他身旁的主教说，"我知道，您的花园里长着一些极好的草莓。真希望您能让我品尝一盘。"事实上，这位主教也是他马上将要逮捕的人之一。

你应该还记得，当时正值六月中旬，草莓成熟的时节。

主教非常高兴伟大的护国公——格洛斯特公爵居然对他的草莓感兴趣。他立即叫来一个仆人，打发他回去拿一些草莓来。

格洛斯特公爵继续用轻松幽默的语气同其他贵族寒暄问候。他风趣的言谈已经让众人彻底放下了戒心。接着他说要离开一下，马上就会回来。他让会议继续进行，接着讨论他们的公事。

他走出房间，部署好一切，决心孤注一掷，立即行动。他在大门两侧和通向开会地点的通道上安排了携带武器的士兵。这时,他下达命令,并与士兵们约定了稍后会发出的行动信号。

大约一个小时后,他回来了,但脸色和语气陡变。他怒气冲冲地走进来,皱着眉头,牙关紧咬,好像突然发生了什么惹得他如此愤怒的事。他走到会议桌前,激动而气愤地对黑斯廷斯勋爵喝道:"有人想谋害我,你认为这种人该当何罪?"

突然紧张的气氛吓了黑斯廷斯勋爵一跳。他回道说,如果真有这样的人,无论他是谁,都该处死。

"这个人就是我哥哥的妻子,她是个女巫!"格洛斯特公爵说,"还有一个比她更恶毒的女巫,简·肖尔。诸位看吧!"

这时,对黑斯廷斯来说,格洛斯特公爵突然提起简·肖尔是种不祥的预兆。因为人们都知道,国王死后,黑斯廷斯大人一直在充当她的保护人,并且两人早已非常亲密地住在了一起。

格洛斯特公爵边说边伸出手臂,把上衣袖子卷起,露出了肘部让大家看。他的这只手臂一直很瘦弱,比另一只要细一些。

"看啊,"他说,"这就是他们对我做的事。"

他说,这伙人用巫术制作了一个他的蜡像。现在

第十二章 护国公理查

他们正在慢慢地融化这个蜡像,目的是要他的命。所以他的手臂才开始变瘦、萎缩。

在场的贵族们都知道,格洛斯特公爵的手臂本来就是这样,他借此指控王后和简·肖尔只是一个幌子,一个为清除异己制造的。此时大家都哑口无言。最后,黑斯廷斯大人回答道:"当然,我的殿下,如果他们真的犯了如此可恶的罪行,那么他们应当得到严厉的惩罚。"

"如果!"格洛斯特公爵咆哮般地重复着这个词。"你是我的仆人,看起来你非常会找借口。我告诉你,他们已经完了——我会对你们履行我的诺言,叛徒!"

他一边咬牙切齿地撂着狠话,一边挥舞拳头愤怒地砸向桌子。

其实,这是他与会议厅门外的人约定的行动信号。这时,前厅里立即有人大喊有叛徒。这是另一个信号,目的是召唤格洛斯特公爵安排在附近的士兵立即冲进来。接着,外面传来了人们骚动和武器铿锵作响的声音。议员们还没有从惊慌中回过神来,会议桌就已被全副武装的士兵们团团围住。很快,带头的人走了进来,站在桌子旁。然后,其他人蜂拥而至,整个房间很快挤满了人。

理查三世

格洛斯特公爵做了个手势指了指黑斯廷斯,突然开口说:"现在我要逮捕你,叛徒!"

黑斯廷斯惊恐地喊道:"什么!殿下,您要逮捕我?"

"是的,就是你,叛徒!"

几名士兵立即冲上前来抓住黑斯廷斯,把他押走了。其他士兵遵照格洛斯特公爵先前的指示抓了另外几名贵族,他们都是带头反对格洛斯特公爵永掌大权的人。这些人被带了下去,全都被当作囚犯关押在伦

理查逮捕黑斯廷斯。詹姆斯·威廉·埃德蒙·道尔绘于1864年

第十二章 护国公理查

敦里。至于黑斯廷斯，格洛斯特公爵恶狠狠地对他说，让他抓紧时间为自己祈祷，"因为，我的大人，"格洛斯特公爵说，"今天不看到你被砍头，我是不会吃晚餐的。"

过了片刻，这个可怜的人做完祈祷后，格洛斯特公爵对几个士兵点了点头，示意他们可以继续了。他们立刻把黑斯廷斯带到伦敦塔外的一片草地上，让他躺在地上，脖子横放在他们找到的一截树干上，然后用一把宽斧头砍下了他的头。

就在同一天，格洛斯特公爵还派出一队人马前往北方，给监禁里弗斯伯爵和国王朋友的看守带去了口信。里弗斯伯爵等人是和国王在斯托尼斯特拉福一起被抓的。格洛斯特公爵命令将他们全部斩首。一接到命令，看守便立即执行了。

负责执行命令的是一位名叫理查·拉特克利夫的军官，此人既冷血又流氓成性。他在历史上非常有名，因为他是理查最无耻的追随者之一。他非常残忍，而且行事大胆，话不多，但一说话，就非常粗鲁。他对犯人从无半点怜悯之心，对上帝也毫无敬畏之情。

囚犯们被囚禁在庞弗雷特城堡。一接到格洛斯特公爵的命令，拉特克利夫就把他们从监狱里赶到城堡外的一片空地上准备行刑。刽子手带来一截树干和一把斧子，没有举行任何的仪式，也没有允许他们为自己做任何辩解，这些可怜人就一个一个地被处死了。

这些人突然被处决的可怕消息传来后，整个王国都震惊了。但格洛斯特公爵现在大权在握，没有人能够和他抗衡。支持小国王的领头者被处死的消息在其他人心中留下了恐惧的阴影。格洛斯特公爵几乎是独揽大权。至于王后和她的家人，因为还在庇护所避难，所以他还无法对他们下手。

然而，他丝毫没有把王后放在眼里，也丝毫不在乎她的任何一个孩子，除了国王的弟弟约克公爵。你应该还记得，当国王被抓时，这个孩子正和他的母亲住在威斯敏斯特宫，后来母亲带着他和其他孩子一起逃到了威斯敏斯特大教堂。格洛斯特公爵现在迫切地想抓住这个男孩。

理查之所以如此想得到这个孩子是有原因的。如果他的哥哥，也就是爱德华四世活着的话，那么他确实无足轻重。而一旦国王遭遇任何不测，格洛斯特公爵非常肯定，忠诚的英格兰人民一定会把目光投向约克公爵，全心全意地拥戴他为合法的继承人。但如果这两兄弟都遭遇意外，而且如果能够想办法让人们认

第十二章 护国公理查

为克拉伦斯的孩子因为他们的父亲被剥夺了权利，因而也失去了继承权的话，那么他自己就能够挺身而出，成为真正合法的王位继承人了。的确，正如之前所说，宣布伊丽莎白·伍德维尔与国王的婚姻无效只是他计划的一部分，目的仅仅是否定爱德华四世子女的继承权。但他非常清楚，即使大部分英格兰人都对此表示赞同，肯定还会有一小部分人表示反对，并且他们会继续效忠这两个孩子。如果两个孩子落入这些人的手中，有朝一日他们可能会变得非常强大，严重威胁到自己的统治。因此，他认为十分有必要将这两个孩子都掌握在自己的手里。

正因如此，他对自己说："我必须想方设法，不惜一切代价把小约克弄到手。"

篡位者和所有想要牢牢抓住原本不属于自己权力的野心家都有一个共同点，那就是他们为了达到自己的目的常常会不择手段，尤其是使用那些见不得人的方法。或者他们不亲自动手，而是把他人推到前台，假借他人之力达到目的。在接下来要讲到的这件事上，格洛斯特公爵就是这样做的。他召集全国的贵族和重要官员召开了一次大会，会上提出，为了能让小约克公爵和他的哥哥生活在一起，将从母亲身边带走他，改由护国公格洛斯特公爵代为行使监护权。和格洛斯特公爵一伙的贵族们都表示支持，但所有主教和大主教这样的神职人员则一致认为庇护所神圣不可侵犯，因此他们都反对将小公爵从他母亲身边带走，除非得到他母亲的同意。

另一派人争辩道，庇护所是犯了罪的人寻求避难、逃避惩罚的地方，在那里人们不能犯罪，也不能指控任何人，因此这项规定并不适用于这件事。换句话说，庇护所只能庇护那些触犯法律而获罪或被认定有罪的男男女女。但是孩子们并没有犯罪，因此庇护所的特权并不适用于他们，也就不能为他们提供保护。

这种观点得到了大家的普遍赞同。主教和大主教的意见被否决，紧接着会议通过了一项决议，判定护国公格洛斯特公爵获得他的侄子约克公爵的监护权。因此如果必要的话，他可以使用武力将约克公爵带离庇护所。

不过，主教和大主教们仍然坚持应尽量避免使用武力，不希望用武力解决问题。最终，全国级别最高的教士坎特伯雷大主教提议，由会议选出一个代表团前往大教堂，他会随他们一同前去面见王后，想办法说服她自愿交出儿子。

第十二章 护国公理查

他们把将要前往庇护所的消息告知了修道院院长,并和他以及王后约定了见面的时间,于是代表团便在约定之日正式动身前往威斯敏斯特大教堂。修道院院长和伊丽莎白在耶路撒冷厅举行了简短的欢迎仪式迎接他们的到来。之前说过,那里是教堂的大会客厅。

作为代表团的代表,坎特伯雷大主教对王后解释了事情的原委,并对她说大家都希望她允许她的儿子约克公爵离开庇护所,搬到伦敦塔的皇家住所和他的哥哥住在一起。在他的叔叔护国公格洛斯特公爵的照

特伯雷大主教劝说王后交出幼子理查,由护国公照顾。绘于1914年,作者信息不详

顾下，他补充道，他将会十分安全。

"护国公认为公爵应该离开这里，"大主教补充道，"去陪伴他的哥哥。国王每日郁郁寡欢，护国公说他需要一个玩伴。"

"所以是护国公，"女王答道，"是他认为国王需要一个玩伴！上帝保佑，但愿他真的是在尽一个保护者的指责。可是难道除了他的弟弟，就不能给国王找到其他玩伴了吗？"

"此外，"她补充道，"约克现在身体不好，根本没有心情玩耍。你们还是给国王另找玩伴吧。难道王子们小时候，就不跟与他们地位不同的孩子一起玩吗？你们说得好像男孩必须和他的兄弟一同玩耍，而不能跟其他孩子做朋友一样。而我们都知道，比起和其他孩子在一起玩耍，男孩和自己的兄弟吵架斗嘴是更常有的事。"

大主教听罢，仍然继续劝说，对王后晓之以理，动之以情，告诉她为什么应该把小公爵交给他的叔叔。他还对她解释说，议会的法令已经授权护国公，他可以从修道院把他的侄子接走。如果必要的话，甚至可以使用武力。但为王后和年轻的公爵着想，为其他人着想，这件事最好以和平友好的方式解决。

第十二章 护国公理查

悲伤的王后终于看到，她根本没有选择，只能就此认命，放弃她的儿子。她慢慢地、不情愿地接受了这个事实，最终表示同意。接着约克被带了进来。

王后一把抓住他的手，再次对大主教和所有代表说了一番话，大致内容是这样的：

"我的阁下，"她说，"以及在场所有的大人们，我不会怀疑你们对我做出的承诺，或认为你们对我不公或心怀不敬。这是我的儿子，现在我把他交给你们。毫无疑问，如果我可以和他在一起，那么在我的保护下，他将会很安全。尽管有敌人对我恨之入骨，但我相信，如果他们认为他们的血管里哪怕流着一丝我的血液，他们也会切开血管让血出来。"

"照你们所说，我把他交给你们，由他的哥哥和叔叔来保护他。但我很清楚，渴望得到王位的人是六亲不认的。兄弟都成了兄弟的祸根，侄子们能够相信他们的叔叔吗？男孩们如果分开生活，他们是安全的；但在一起之后……我就不知道了。不管怎样，我在这里把我的儿子以及他哥哥的生命都交给你了，你要在上帝和众人面前起誓。我知道你本质上是一个忠实、守诺的人，只要你愿意，你有能力保证孩子们的安全。你可能认为我过于焦虑、担心，那么你也要小心，切勿胆大妄为,目空一切。"

然后她走近约克,亲吻了他。此时此刻,眼泪涌了出来。

"再见了,"她说,"再见了,我亲爱的儿子。上帝保佑你。在你走之前,我必须亲吻你,因为没有人知道我什么时候才能够再次亲吻你。"

她又亲吻并祝福他,然后便痛哭着转身离开了。

看到母亲如此痛苦,孩子也跟着哭了起来。不过,大主教还是牵着他的手离开了,身后跟着代表团的其他成员。

他们先把小公爵送到附近的议会大厅,再从那里将他送到伦敦城里护国公格洛斯特公爵的府邸。在那里,他受到礼遇和热情的款待。格洛斯特公爵还为他安排了一批端庄大方的侍从,正式教导他将来和哥哥在伦敦塔生活时要遵守的各种礼节。

现在一切都在格洛斯特公爵理查掌控之中了。带走约克公爵那天是6月16日,而已经定好的加冕日是6月22日。

第十三章

公开称王

精彩看点

白金汉公爵——历史疑问——格洛斯特公爵在贝纳德城堡——账簿——账簿的条目——格洛斯特公爵的计划——针对简·肖尔的决定——爱德华四世与埃莉诺·塔尔博特的所谓婚姻——故事的细节——传播开来的计划——肖博士在圣保罗教堂附近所做的宣讲——妙计——人们态度冷淡——市政厅的集会——人们毫无反应——呼吁行动失败——召开大会——白金汉的安排——请愿——请愿的内容——真实目的——格洛斯特公爵在贝纳德城堡收到请愿——格洛斯特公爵最终接受王位——登基仪式——理查三世游行通过伦敦——称王消息传遍各地——爱德华五世统治的不寻常之处

第十三章 公开称王

此时,格洛斯特公爵已经万事俱备,只待行动。他的一个很重要的朋友和追随者白金汉公爵是一个很有影响力的贵族,参与了他策划的好几次行动,深得他的信任。在这一章,我将继续讲述格洛斯特公爵和白金汉公爵是如何暗中筹划一步步夺取王位的。对于这件事,不同历史学家有着不同的记载。对于当时发生了什么,历来众说纷纭。直到现在我们也很难确定当时的事实和真相究竟是什么。但这并没有大碍,因为随着时间的流逝,对普通大众来说,有必要详细了解的是已经被大众所接受的故事,演说家和诗人口中与笔下讲述的故事,以及在随后的时代里政治家和道德家们所讨论的故事。因为在大众进行阅读时,所有的目的只是想要了解故事的缘由而并非真相。

理查三世

此时,格洛斯特公爵正和他的母亲住在贝纳德城堡。年轻的国王和他的弟弟则住在伦敦塔。虽然他们并不是囚犯,但格洛斯特公爵却派人日夜严密地看管他们,以防他们逃跑。王后伊丽莎白·伍德维尔仍然和其他孩子一起在庇护所避难,格洛斯特公爵的妻子则带着年幼的孩子住在米德勒姆城堡。

安妮在米德勒姆城堡居住期间曾使用的家庭账簿

一幅雕版画——18世纪的贝纳德城堡

第十三章 公开称王

一直保存到今天,其中事无巨细地记录了理查儿子所有的花销,而关于他父亲当时施行的重大政治计划和措施历史上却没有明确翔实的记载。这是一个非常奇怪的现象,但也反映了在古代,有时一些无关紧要的日常琐事会被人们详细地记录并流传下来,而一些重大事件的记载却往往含混不清。这本账簿里记录着购买一块绿色的布花去了 22 先令 9 便士,而把它为"我的王子殿下"做成礼服又花了 1 先令 8 便士。为他购买一根翎毛花了 5 先令,又花了 13 先令 1 便士为他在一位叫迪瑞克的鞋匠那里做了一双鞋。正如我们下面讲到的,离开米德勒姆城堡前往伦敦后,安妮仍然继续记账。有几笔开销是旅行途中为孩子们在教堂里买了供品和礼物。雇佣两个人——麦德卡夫和帕考克为他们跑腿搬运行李花了 6 先令 8 便士。还有一笔 2 便士的支出竟然花在了修补鞭子上!

好了,还是回到我们的正题上来吧。离爱德华五世的加冕日期越来越近了,但是格洛斯特公爵意图阻止加冕仪式的举行,准备夺取王位。他首先散布谣言,说他的两个侄子并非兄长爱德华四世的合法子嗣。为了让人们相信这点,他准备首先用尽各种方法到处说爱德华四世的坏话。这很容易做到,因为爱德华四世的口碑早就已经够坏了，因此无论理查怎样抹黑他，人们都会照单全收。

于是，理查指使他的朋友和同党到处大肆宣扬已故国王是一个放浪形骸、恶贯满盈的无耻之徒。一方面，他们凭空捏造了许多谣言，尽管事实并没有如此夸张。这些谣言一传十十传百，迅速流传开来，舆论看上去对爱德华五世十分不利。另一方面，格洛斯特公爵又装出一副安分守己、遵规守矩的样子，并且还说自己有义务全力弥补和消除他兄长的堕落放荡对于宫廷及整个王国产生的不良影响。此外，他还声称，臣民们要求惩戒简·肖尔这种带坏了国王的教唆者，以儆世人。

你可能还记得，简·肖尔曾经是伦敦一位贵族的妻子，爱德华四世引诱她离开了丈夫，把她带进了王宫。她性格善良，温柔可亲，所有记载都说她凭借国王对她的宠幸去行善，做了许多好事。当国王准备严厉地惩罚某人时，她总是上前劝说平息国王的怒火，拯救原本要受罚的人。总之，在她的影响下，国王不再那么残忍；她保护了许多既无辜又无助的人，让他们不含冤受罚。虽然他的温柔善良不足以弥补她抛弃丈夫①、投入国王怀抱的天大罪过,但却令英格兰人民对她的看法有所改观。人们不再对她那么嗤之以鼻,鄙夷不屑。

格洛斯特公爵逮捕了简,并把她关进了监狱,接着将她收藏的所有价值连城的金银餐具和珠宝全部没收充公。最后,格洛斯特公爵把她送到了宗教法庭受审。法庭自然听命于格洛斯特公爵,一致判她服刑赎罪——正午到了,她几乎赤身裸体地走在伦敦的大街上示众,从城市的一头走到另一头。格洛斯特公爵让她暴露在众人面前是要羞辱她,让聚集观看的人们认定她是一个荡妇,让众人尽情地唾骂和蔑视她。替格洛斯特公爵办事的人在一些古老且已经过时的法律中发现了这样的刑罚,于是他们决定在一个星期日行刑。这个不幸的罪犯身上只穿着一件睡衣,手里拿着一根点燃的细蜡烛。当时,有数千人聚集在街头围观,她穿过一排排人群,从伦敦的一条条大街上走过。不过,人们并没有如料想的那样嘲笑她、辱骂她,而是被她

---

① 与爱德华四世相识之前,她是有夫之妇;她的丈夫是是一位富有的金匠和珠宝商。——原注

悲痛的神情和美丽的容颜所打动,纷纷起了恻隐之心。人们想起了许多关于她慈悲心肠的故事,想起了即使在受宠得势时,她也一直是一个多么和蔼可亲、温柔善良的人。想到这些,人们的心软了。大家一致认为,法律只严厉惩罚她一个人未免太过苛刻,还有许多人,无论身份高贵还是低微,却仍然逍遥法外。

尽管如此,格洛斯特公爵的目的还是达到了。如他所愿,人们都相信爱德华四世是一个风流成性的人,从而为他将要对爱德华四世提起的指控做了铺垫。

他为爱德华四世罗织的罪名是这样的:在与伊丽莎白·伍德维尔结婚前,他已经偷偷地与另一个女子结婚,这样一来他就犯下了重婚罪。当然,如果这一切都是真的,那么他的第二段婚姻就是无效的,与第二个妻子生下的孩子自然就没有了继承权。

这个故事究竟是真是假谁也无从得知。但唯一可以确定的是格洛斯特公爵散布了这个谣言,并且找到了几位证人来作证。与国王结婚的这位女子闺名叫埃莉诺·塔尔博特。她早年曾与一位名叫博特勒的贵族结婚,据说爱德华四世和她结婚的时候她的丈夫已经去世。两人的婚礼在一位主教的见证下秘密举行,当时除了他们两人和主教之外没有任何人出席。爱德华

理查三世的画像，绘于16世纪，绘者信息不详

四世曾要求主教严守秘密，主教也对此发了誓。但是后来，在爱德华四世和伊丽莎白·伍德维尔结婚后，这位主教有一次把秘密透露给了格洛斯特公爵。国王听说后勃然大怒。他指责主教违背誓言，接着立即免了他的职，并将他关进了监狱。

据格洛斯特公爵说，为了维护家族的和平，兄长在世的时候他一直保守着这个秘密。但现在为了不让王位落到一个非法婚姻所生、根本没有继承权的私生子头上而酿成大错，他觉得大家应该知道真相。

他首先把这件事告诉了宫廷中一些有影响力的人物，短短一周就传遍了贵族圈子。根据他的安排，到下个星期天百姓们都会知道。

伦敦市中心的圣保罗大教堂附近有一片很大的空地，人们经常在那里举行各种各样的宗教和政治集会。空地的一侧有一个讲坛，经常有人登上讲坛布道、演讲、发布公告。当有人需要当着大群人的面进行宣誓时，他们也会来到这里，向人们公开宣誓。

就在简·肖尔当众赎罪的第二个周日，伦敦市长的兄弟肖博士登上讲坛，向许多聚集在那里的市民演讲。他公开否认爱德华四世的两个儿子拥有王位继承权，并且声称格洛斯特公爵是真正的王位继承人。

圣保罗大教堂位于泰晤士河畔,是英国历史上的著名建筑。图为暮色中的泰晤士河与圣保罗大教堂,绘于1750年,绘者信息不详

他在演讲中引用了一段《聪明的所罗门》中的话:"邪恶之人的后代不得生存。"他对公众说,爱德华四世在同伊丽莎白·伍德维尔结婚时,已经是埃莉诺·博特勒的丈夫了。因此,他的第二段婚姻是非法且无效的,第二段婚姻中生下的子女根本没有继承王位的资格。据说,他还指出爱德华四世与克拉伦斯都不是他们的父亲老约克公爵的亲生儿子,只有格洛斯特公爵才是他父母合法的长子。为了证明这一点,他指出,格洛斯特公爵与他公爵父亲的相貌极其相似,而爱德华四世和克拉伦斯则与他们的父亲没有半点相似之处。

据说,他们还事先安排好,当肖博士说到格洛斯特公爵与他的父亲老约克公爵相貌相似时,格洛斯特公爵本人会假装碰巧经过讲坛,于是肖博士就抓住机会,指引市民们端详他指出的格洛斯特公爵与父亲的相像之处,从而证实他所言非虚。同时他还趁格洛斯特公爵到来的当儿,声情并茂地为格洛斯特公爵造势,煽动群众对格洛斯特公爵的热情。但这种预想的舞台效果在实际操作时却失败了——如果他们真的是有预谋的话。格洛斯特公爵并没有在恰当的时机出现。当他出现时,要么肖博士没能很好地控制住场面,要么

第十三章 公开称王

就是格洛斯特公爵的支持者实在寥寥无几,因为在演讲最后,当肖博士期待观众的掌声和欢呼声出现时,人们却面面相觑,毫无反应,似乎完全没有被他的高谈阔论打动。

接下来的几天,他们又几次试图煽动市民,希望他们能够举行集会来支持格洛斯特公爵,但都没有成功。白金汉公爵在闹市中心的市政厅遇到了一大群伦

白金汉公爵的画像,他是查理三世的坚定支持者。威廉·舍洛克(1738—?)绘于18世纪

敦市民。在这群贵族、骑士和有地位的市民的簇拥下，他向市民发表了一篇很长的精彩演讲。在演讲中他竭力支持格洛斯特公爵称王。他公开抨击前国王的人品，并夸张地描述他放荡堕落的生活。白金汉还提到，当爱德华四世与伊丽莎白王后结婚时，爱德华四世已经是埃莉诺·博特勒女士的丈夫的事，所以他强调，他与伊丽莎白的婚姻是无效的，他们的孩子是没有继承权的；而克拉伦斯的孩子们也因为父亲被剥夺了所有权利而丧失了继承王位的资格，因此格洛斯特公爵是现在唯一的王位继承人。

慷慨激昂的演讲接近尾声时，公爵高声问下面的听众，在这种情况下，他们是否愿意支持格洛斯特公爵继承王位。只有几个可能是被事先雇来的可怜兮兮的人把帽子扔向空中表示支持。他们大声欢呼："理查国王万岁！"但是大多数有身份的人看上去神色凝重，一声不吭。而几个被迫发表意见的人表示他们需要时间考虑后再做出决定。

因此，这些想要为格洛斯特公爵争取民心的行动宣告失败。不过，他们还是达到了一个目的：他们向全伦敦和周边的人宣告一场"革命"即将发生，让人们对即将出现的时局变动有了心理准备，不至于被突

第十二章 公开称王

如其来的变化吓坏。

在白金汉公爵市政厅演讲的第二天,全英格兰所有的贵族、主教、议员和官员们聚集在威斯敏斯特,召开了一次大会。这次会议虽无议会之名却有议会之实。因为根据法律,只有国王才能召开议会。虽然格洛斯特公爵质疑爱德华五世的继承权,但他也不能以自己的名义组织任何公开活动。所以这次会议只是英格兰贵族、教会和国家的一些重要人物的一次非正式会面,目的是大家聚在一起商议下一步该如何行动。当然,会议商讨的结果都是由格洛斯特公爵的人事先安排好了的。格洛斯特公爵的朋友和主要支持者白金汉公爵策划了这次会议。其他参与者自然是格洛斯特公爵的支持者们。那些带头反对他的人不是被砍了头就是被关进了监狱。其余的人有的逃跑了,有的躲了起来,只有极个别还敢在会议上露面。但他们谁也没有勇气,或者说谁也不敢轻率、鲁莽地对白金汉公爵所提出的事情表示反对。

会议商议的结果是由众人起草一份请愿书呈给格洛斯特公爵,宣布他是王位的真正合法继承人,并恳求他立即开始行使君主的权力。

接着,这些人组成一个代表团,由白金汉公爵带领，前去等候格洛斯特公爵并向他呈上请愿书。请愿书写在一卷羊皮纸上，用书面语写成。文中宣称，毋容置疑的是，爱德华四世在与伊丽莎白·伍德维尔结婚之前，已经先与"埃莉诺·博特勒夫人"结为夫妻，成了她的丈夫。因此伊丽莎白与他所生的孩子并非合法婚姻所生之子，他们不能继承父亲的任何权利，尤其决无可能从父亲那里得到王位继承权。至于克拉伦斯的子女，因为早有法案剥夺了他们父亲的公权，因此他们也无权继承王位。根据继承顺讯，接下来的便是格洛斯特公爵，所以他现在成了真正合法的继承人。因此，各级代表齐集一堂召开会议，承认他与生俱来拥有的王位继承权。请愿书最后恳请并敦促格洛斯特公爵立刻登上王位——这既是他与生俱来的权利，也是议会讨论的结果。

当然，虽然请愿书听上去好像是在劝说格洛斯特公爵接受他们的请求，但实际上一切都是格洛斯特公爵一手安排、白金汉公爵配合完成的。请愿书里的字字句句全都是写给市民看的，他们盼着里面的内容很快传遍全国，从而影响。

请愿书准备好后，白金汉以代表团的名义，要求面见护国公，将请愿书呈上。于是格洛斯特公爵将众人约至他母亲的住处贝纳德城堡。

代表团如约而至,在会客厅受到格洛斯特公爵的热情接待。白金汉公爵拿出请愿书呈与格洛斯特公爵。读罢后格洛斯特公爵似乎毫无准备,表现出一副不知所措的样子。片刻之后,他开口说他从未想过当国王的事。他说他没有统治国家的野心,只想辅佐他的侄子直到他成年,然后把国家平平稳稳地交给他。但白金汉公爵马上接话答道:"这绝不可能,英格兰人民决不会同意由一个私生子来统治国家。"

"我的大人,如果你拒绝接受王位,"公爵接着说,"那么我们会另立他人。"

最后,格洛斯特公爵假装被众人说服,上演了一出好戏。他半推半就,同意次日前往威斯敏斯特公开宣布即位为王。

于是第二天,众人组成了一支壮观的队伍,簇拥着格洛斯特公爵盛大而隆重地来到威斯敏斯特大厅。在这里,他坐上了宝座,未来的朝廷重臣、各位主教和大主教站在他的周围。大厅里的其他地方则挤满了大批前来一睹盛况的市民。

在大主教的主持下,国王理查三世首先按照惯例宣读了皇家誓词。接着他宣大法官上前对他们讲话,告诫他们要公正严明、秉公执法。他还说，保证司法公平是他统治的首要目的、重中之重。之后，理查三世又向聚集在大厅里的市民代表发表了讲话，他还宣布赦免所有因为反对他而获罪的人，并发布公告宣布全国大赦。听到这些，人们大声欢呼。最后，仪式在人们"理查国王万岁"的欢呼声中结束了。

理查三世继位的场景是这样的：

新国王在象征王权的王座上端坐，皇家的威严淋漓尽致地展现了出来。接着，理查三世在仪仗队的簇拥下来到威斯敏斯特教堂，按照传统到教堂的一个神殿里进行祭拜。在教堂门外，国王的队伍碰到了一队僧侣，他们一边前行一边吟唱着庄严的国歌。

宗教仪式完成后，理查三世又率领一支由骑士、贵族和市民组成的骑兵队前往市内的圣保罗大教堂。此时街道两旁挤满了市民，当国王经过时，他们便高声欢呼表达敬意。在圣保罗大教堂内又举行了一些仪式，国王在那里发布了若干公告。人们多多少少出于真心，吹着喇叭，挥舞着旗帜，大声欢呼"理查国王万岁"来表达他们的喜悦之情。最后，当城中的所有仪式完成后，国王回到威斯敏斯特，在王宫中住了下来。就在他回到王宫的同时，他宣布即位的消息也被

理查接受王位。詹姆斯·威廉·埃德蒙·道尔绘于1864年

送到伦敦各地。

  理查三世宣布即位的这天是 6 月 26 日,距国王爱德华四世去世大约只有 3 个月。期间,爱德华五世在理论上被视为英格兰国王,但自始至终这个可怜的孩子从未作为国王行使过任何权力,他一直受人控制,只是一个无助的囚犯。那些口口声声说要保护他的人,实际上却如他的死敌一般冷酷、无情。

第十四章

加冕

精彩看点

加冕的计划——安妮前往伦敦——皇家驳船游行——大批观众——皇家驳船——到达伦敦塔——采取的措施——被监禁的王子——理查三世和安妮前往威斯敏斯特——加冕仪式——御宝——宗教仪式——国王和王后加冕——高台——威斯敏斯特大厅里的仪式——宴会——皇家卫兵——挑战敌人——护手被扔在地上——观众——赐福仪式——现代赐福仪式——火炬

第十四章 加冕

上一章讲到，1483年6月26日，理查被拥立为王。为了尽早全面行使王权，他决定立即为自己举行加冕仪式。于是，他将加冕日定在了7月6日，这意味着做必要的准备工作的时间只有10天了。

理查三世第一件要做的事便是给他的妻子——住在米德勒姆城堡的安妮送去消息。他即位后，安妮理应就是英格兰王后了。理查三世希望她带着他们的孩子爱德华一同来参加加冕典礼。

安妮似乎是在7月3日才抵达伦敦的，这时距加冕只有3天了。据当时的一本帐簿记载，王后当天在伦敦采买了一些用来制作加冕礼袍的金丝布料，这些布料不但非常华美，而且价格不菲。

理查三世决定把自己的加冕典礼办得比之前任何

一位英格兰君主都隆重。因此,准备工作自然相当繁重。盛大的加冕典礼开始前几天,热闹的表演和游行就开始了。

7月4日,星期日,国王和王后乘坐皇家驳船,正式前往伦敦塔。一行人从国王母亲的住处贝纳德城堡出发,那里也是王后抵达伦敦后的下榻地。

国王、王后及其他重要人物乘坐的皇家驳船装饰华丽,上面有用丝绸做成的檐篷。大批市民成群结队地聚集在一起看热闹。有些人在河上乘船等候,还有一些人在岸边驻足,每一个绝佳的观赏位置和制高点都挤满了人,还有些人则占据了临河建筑物的窗户,从那里向河上张望。

皇家驳船顺流而下到了伦敦塔。无论他们走到哪里,都能听到四周传来的"理查国王万岁""高贵的王后安妮万岁"的欢呼声,此起彼伏,经久不息。

自古以来,王权一旦牢牢确立,而且不管是以什么方式获得,就一定会博得臣民的支持。

抵达伦敦塔后,理查三世立即受到他任命的伦敦塔官员的热烈欢迎。他正式接管了这里,将这里作为他的王宫之一。他在大会议厅举行了觐见礼,先是授予几人爵位,接着授予另外几人骑士称号。这些人曾

理查三世与王后安妮。绘于15世纪,绘者信息不详

对是否应该支持理查犹豫不定,因此理查三世希望通过赏赐使他们下定决心追随自己。

理查三世还赦免了一些罪犯,因为他相信自己的善意会感化他们,使他们重新做回善良的人。但理查三世并没有如此仁慈地对待年轻的前国王和他的弟弟。事实上,如果他真这么做,是极其危险的。他知道,整个王国内部还有很多人仍然认为爱德华五世是合法的国王;他也很清楚,一旦让这些人得到了爱德华,他们就会打着他的旗号行动,甚至可能会组织起一支强大的力量支持爱德华五世夺回王位。因此他深信,严密地看管这两个男孩,不让他们落入他人之手是计划成功的关键。于是他将他们从先前居住的房间搬出,把他们关到了伦敦塔外墙上的一座阴森的塔楼里。因为时不时会有人在这里被残忍地杀害,所以这里又称"血塔"。

星期二的加冕仪式举行前,理查三世和王后一直住在伦敦塔。

当天的加冕仪式一开始,由国王和他的随从组成的阵容庞大的仪仗队从伦敦穿城而过,最后回到威斯敏斯特教堂。为了使盛大的庆典更加富于变化,他们选择在骑兵队的簇拥下骑马穿过城市街道返回,而不

少年时代的爱德华和理查,他们是爱德华四世的儿子这时他们被囚禁在伦敦塔里。保罗·德拉罗凯(1797—1856)绘于 1830 年

是像去时那样乘船走水路。观礼的观众比以往任何时候都多。街道上人山人海，为了防止骚乱，理查三世还下令戒严。

抵达威斯敏斯特后，王室成员们便去了威斯敏斯特大教堂。与以往的加冕典礼一样，首先要在那里的一个神殿举行宗教参拜仪式。每当这时，这个神殿就会被人们视为特别的神圣之地。国王和王后赤着脚从大厅来到神殿，以示崇敬和谦卑。但在这里需要补充的是，他们走在绣着花纹的布上，布是为举行加冕仪式而铺在大理石路面上的。所有骑士和在场的英格兰贵族陪同并跟随国王和王后进入神殿参拜。

其中一位贵族手捧国王的王冠，另一位手捧王后的王冠，其他几人则分别手持各种象征王权的古老御宝。王后走在一个丝绸华盖下，华盖的四个角上分别缀着一个金铃铛。四位重要官员手擎华盖，当他们迈步前行时，铃铛就叮当作响。

王后头上戴着一顶装饰着珍贵宝石的金冠。四位主教分别站在华盖的四角下，作为王后的贴身随侍和她一起前行。王后身后还跟着一位地位非常尊贵的女士，随她的队列一起前进。

一行人来到神殿后，国王和王后在高高的祭坛两

第十四章 加冕

边落座。他们进来后,一队神父和主教也走上前来,他们身着华丽的金丝法衣,口中高声颂唱着庄严的圣歌和祷告词。

宗教仪式完成后,又庄严地举行了涂圣油,为国王、王后佩戴王冠,着加冕服和授御宝等一系列仪式。所有仪式进行完毕后,皇家仪仗队再次列队,按照相同的顺序走回威斯敏斯特大厅。和来时一样,王后仍然走在丝绸华盖下,挂在上面的金色铃铛仍然随着擎伞人的步伐丁玲作响。

威斯敏斯特大厅里建起了一个高台,上面放置着国王和王后的宝座。当国王和王后在贵族和重要官员的陪同下走过来登上高台后,仪仗队的其他陪同人员也跟着进了大厅。

看到国王和王后已在台上落座,并有贴身随从侍奉在旁,仪仗队的人员便知道他们的使命已完成,是时候退下了。这时,有一位军官骑着马出现在大厅,向他们发出解散的指令。他的马背上盖着金线织成的布,从马背的两边一直垂到地面。这时,人们纷纷退到他的后方,依次离开大厅,不一会儿,整个大厅便空空荡荡了。

接着,国王和王后从王座上站起,被引导着去了宫中的内室。令人筋疲力尽的典礼结束后，他们在这里稍作休息，待精神恢复后再去出席盛大的晚宴。

晚宴的会场是这样布置的：国王和王后的餐桌放在高台上，上面擎着华盖。大厅里摆着四张巨大的长桌，那是为受邀的贵宾准备的。

晚宴定在下午4点。那时，国王和王后再次来到大厅，登上高台，然后坐在为他们准备的桌旁。

这时，他们已经换了一套服装。他们脱下了王袍，放下了加冕时被授予的各种御宝，换上了有昂贵貂皮锁边的深红色金丝天鹅绒长袍。他们身边尽是达官显贵，这些人也穿着华服。与国王和王后同桌的是英格兰地位最尊贵的贵族，侍候他们用餐的金银器皿是那么精致、华美。

宴会的第一部分结束后，在一位传令官的召唤下，一位全副武装的骑士骑着一匹盛装打扮的战马进入大厅。他是国王的保护者，根据传统，这种场合他总会出现，如果这里有国王的敌人，他会当场杀敌，以捍卫国王的尊严。

战马的马衣由红白两色丝绸制成，骑士的盔甲则闪闪发光。当他骑着马来到高台前方时，他大声问在场的所有人，有没有人反对理查三世成为英格兰国王。

第十四章 加冕

当他发问时,所有人都严肃地凝视着他,但没有人回答他的问题。

接着,骑士再次高声说,如果有人敢站出来宣称理查s三世不是英格兰的合法国王,他会和此人决一死战来捍卫理查三世的尊严。他边说边将他的金属护手扔到地上,以示国王权威神圣不可侵犯。

看到这一幕,所有人异口同声地高呼:"理查国王万岁!"宽敞的大厅里回荡着雷鸣般的欢呼声,持续了好几分钟。

典礼结束后,一队传令官来到国王面前,请求国王赐福。赐福环节包括国王向众人抛撒钱币,众人则争先恐后地上前捡拾。国王先后三次将钱币抛向大厅里的宾客,根据王室帐簿的记载,赐福环节总共用了100英镑。

有人可能会说,人们争先恐后地去地上捡拾钱币这种娱乐方式未免太过粗俗、吵闹,但这本就是应该尽情嬉闹的场合。这个传统在英格兰一直延续至今,多多少少还保存着一些当时的情形。但现在这个活动仅限于向人群抛撒一便士和二分之一便士,并且也不会再像从前一样,作为贵族的娱乐活动出现在皇家宴席上。

在嬉闹的赐福活动结束后,国王和王后起身离席。此时已到了晚间,许多火炬被拿了进来,照亮了整个大厅。国王夫妇退席后,宾客们也都借着火炬的光亮一一告别。至此,整个加冕仪式才算全部结束。

第十五章

王子们的命运

精彩看点

国王决定全国巡视——臣民情绪高昂——牛津——沃里克城堡——大使们——到达约克——再次加冕——理查三世的儿子——庆典——他决定杀死两个孩子——密使格林——格林返回——与男仆的对话——詹姆斯·泰瑞尔爵士——理查三世雇佣泰瑞尔——一封信——泰瑞尔到达伦敦塔——谋杀两个王子——刺杀行动——埋尸——理查三世很高兴——重新埋葬尸体——保守谋杀秘密

第十五章 王子们的命运

加冕典礼结束后,理查三世和安妮王后去温莎城堡住了一段时间。期间,理查三世在温莎城堡召见大臣,初步安排了重要政务,这在统治的初期是很有必要的。一旦各项政事步入正轨,国王就会巡视整个王国,接受臣民们的道贺。同时,他也希望凭借恢弘的巡游场面和盛大的游行队伍来彰显自己的权威,给臣民留下深刻的印象。

国王从温莎城堡出发,第一站到了牛津。在那里他受到牛津大学所有重要人物的热烈欢迎。接着他又去了格洛斯特,然后是伍斯特。所到之处,他都受到盛大的游行队伍的欢迎。他的那些拥趸们为了讨好他,当然使出浑身解数营造盛大的场面。而那些对此漠不关心或犹疑不定的人也蜂拥着前来看热闹,无形中也为空前的盛况增加了气势。值得一提的是，理查三世的反对派和私下仍然忠于年轻的爱德华国王的人们并没有公开站出来反对，但他们召开秘密会议来表达他们的异议。

最后，理查三世带着巡视队伍到了沃里克城堡，在那里他和王后、小王子相聚了。当初，国王离开温莎城堡后又去巡视了西部诸城，而王后则一直留在温莎城堡。后来，她带着自己的巡游队伍穿越整个王国，来到她从前的家和她的丈夫团聚，因为沃里克城堡曾是王后的父亲沃里克伯爵的重要大本营和居住地。国王和王后在这里住了一段时间，并且把宫廷搬到了这里，将这里布置得富丽堂皇。他在这里接见了来自西班牙、法国和勃艮第的大使，他们由各自的政府派来祝贺理查三世继位，并向他表达了善意。每位大使都郑重地带着大批随从前来，理查三世为他们安排了盛大的欢迎仪式和庆祝活动，场面之宏大，语言实难尽述。

其中，西班牙大使带来了国王费迪南德和王后伊莎贝拉的正式请求——希望他们的女儿与理查三世的幼子联姻。小王子那时大约只有 7 岁。

在沃里克城堡住了一阵子后，整个王室继续北上，

第十五章 王子们的命运

经过几个大城后,最终来到约克。当时约克已经是英格兰的北方重镇。在那里他们受到热烈的欢迎。周边地区的所有贵族名流欢聚一堂,欢迎国王的到来。欢迎仪式的规模宏大,盛况空前。

在约克时,理查三世再次举行了加冕仪式。这次他的儿子小爱德华隆重登场,出现在公众面前。他被册封为威尔士亲王,并举行了隆重的册封典礼。加冕那一天,他头戴着一顶小王冠,由他的母亲拉着他的手走上了圣坛。

然而,这个可怜的孩子并没有意识到他的父亲为他开辟了多么美好的前程。册封典礼几个月后他就死

查理三世与王后安妮、儿子小爱德华。绘于1483年

理查三世

在了米德勒姆城堡。

在约克举行的加冕仪式与在伦敦举行的并无二致,同样举行了宴会、游行以及各种盛大的庆祝活动。庆典持续了好几天,观看典礼的人们兴高采烈,这似乎暗示着英格兰人民已经默认理查三世为王的事实了。

尽管表面上一切进展顺利,但理查三世的内心却一刻也没有轻松。从他继位那天起,他就很清楚,只要哥哥爱德华四世的孩子们活在世上一天,他的王位就坐不安稳。他知道,王国内部一定还有一群偷偷支持爱德华五世的人;他也知道,这些人很快会达成共识,一起谋划推翻他。要彻底阻止或挫败他们的阴谋,就得除掉这两个孩子。在他离开伦敦之前,他就下定决心[①]了结此事了。

理查三世决心永绝后患。谋杀发生在王室北巡期间,那时英格兰人民的注意力全都被理查三世壮观的游行队伍所吸引了。理查三世打算趁机将他们秘密处死,这样一来两个男孩死亡的消息就能隐瞒一阵子,等时机成熟了,场合合适了再公之于众。

[①] 我之所以说他下定决心,是因为尽管有些为理查三世辩护的人矢口否认自古以来对他众口一词的指控,但有证据让我们可以基本肯定这个可怕的故事的主要细节是完全真实的。——译者注

第十五章 王子们的命运

于是离开伦敦后不久，理查三世派出一个名叫格林的密使，吩咐他将一封信带给伦敦塔的监狱长罗伯特·布拉肯伯里爵士。在信中他吩咐罗伯特爵士杀死两个男孩。

格林立即返回伦敦执行命令，理查三世则继续在外巡视。当他来到沃里克，格林也到了。他带回消息说罗伯特爵士拒绝执行命令。理查三世听后非常生气。他转过身，气愤地对房间里一个候在旁边的男侍从说："连这些我亲手栽培、提拔起来的人现在都要违抗我的命令了！"

侍从回答道："陛下，我知道前厅有个人，无论您要他做什么，他都会服从您的命令。"

理查三世问此人是谁，侍从说是詹姆斯·泰瑞尔爵士。他的能力突出，多才多艺，但为人却非常无耻。侍从通过与他闲聊得知，他十分渴望获得国王的青睐。他请求侍从为他安排，因此侍从一直在寻找机会将他引荐给理查三世。

理查三世下令把泰瑞尔带进来，然后与他进行了秘谈。通过隐晦的暗示，理查三世告诉了他需要做的事情。泰瑞尔接受了任务。于是，理查三世给了他一封信，要他转交给罗伯特·布拉肯伯里爵士。

247

他在信中命令罗伯特爵士把伦敦塔的钥匙交给泰瑞尔,"最后,"信中写道,"他会在那里遵照国王的命令完成国王的心愿。"

拿到信后,泰瑞尔立即带着几个帮手前往伦敦,其中有个叫约翰·狄格顿的人,他是泰瑞尔的马夫。"他是个孔武有力、唯命是从的无赖",只要他的主人吩咐,他随时准备去"犯罪"。

一到伦敦塔,泰瑞尔把信交给了监狱长,监狱长把钥匙给了他。泰瑞尔很快找到了监管两个男孩的看守。看守一共4人,泰瑞尔从中选了一个叫迈尔斯·福雷斯特的人,并最终决定雇用他,让他和自己的马夫一起去刺杀两个王子。他制定了计划,命令他们当晚行动。

就这样,午夜时分,当王子们入睡后,这两个人悄悄地潜入他们的房间,突然用床单包住两个可怜的男孩,然后把枕头用力地压在他们的脸上,使他们不能呼吸。两个男孩自然立刻醒了过来,他们惊恐万分,拼命地挣扎着。但两个男人紧紧地抓着他们,狠狠地用枕头和床单压着他们的脸,他们无法呼吸,也哭不出声来。他们就这样一直捂住他们的脸,直到他们窒息而亡。

第十五章 王子们的命运

当他们发现两个男孩已经不再挣扎，便慢慢地打开了床单，移开了枕头，想看看这两个可怜的孩子是不是真的死了。

福雷斯特和马夫约翰·狄格顿杀害爱德华和理查

"是的，"他们互相说了一声，"他们都死了。"

两个杀人犯脱下王子们穿的衣服，把王子们的尸体放在了床上，然后去詹姆斯·泰瑞尔爵士那里复命。泰瑞尔待在附近的一间公寓里等他们的回音。最后，泰瑞尔立刻赶往王子们的房间，当他看到男孩们真的死了，便命这两个人把尸体抬进院子里埋了。

这两个人马上在通往关押两个孩子的塔楼的楼梯

下面挖了两个坟墓。尸体被放进去后，他们很快用土填满了坟墓，然后在上面放了一些石头。

做完这些事后，泰瑞尔马上把钥匙还给了监狱长，然后快马加鞭，向国王那里赶去。一到达国王的驻地，他便立刻报告了他所做的一切。

国王非常高兴，他表示非常欣赏泰瑞尔的能力和忠诚，接着慷慨地赏赐了他。但是理查三世对尸体的处理方式不太满意。他说："他们不应该被埋葬在如此肮脏的角落。"

于是，理查三世打发人告诉监狱长，监狱长吩咐一个牧师偷偷地挖出了尸体，然后用更体面的方式埋葬了他们。过了不久，这个牧师就去世了，他没有透露具体的安葬之地，所以没有人知道尸体最终被葬在了哪里。

理查三世命令这件事的所有参与者都严守王子死亡的秘密。他不想让公众知道这件事，除非他觉察到有人想试图帮助爱德华五世复位。而且如果没有发生我们在下一章将会讲到的这件事的话，王子命运的秘密也许还要保守很多年。

第十六章

家庭纠纷

精彩看点

密谋反抗理查三世——伊丽莎白·伍德维尔的处境——反对派的计划——伊丽莎白王后的痛苦——报应——伊丽莎白去坟墓——白金汉公爵——里士满伯爵亨利·都铎——伊丽莎白——结婚计划——亨利·都铎策划入侵——白金汉试图与他合作——计划失败——白金汉之死——亨利·都铎撤退——公主——他想抓住亨利·都铎——议会——新政策——计划成功——王后的理由——她的处境仍很艰难——取消婚约——理查三世关于公主的计划——伊丽莎白对此事的态度——理查儿子之死——安妮王后的病——王后的痛苦——怀疑——伊丽莎白迫切地想嫁给国王——王后之死——理查三世谋士的规劝——理查三世放弃计划——伊丽莎白大失所望

第十六章 家庭纠纷

理查显然已被全国人民所承认,成了名副其实的国王。当他在英格兰北部得意地巡视时,兰开斯特家族的领导人也开始在伦敦秘密策划,准备把小王子们从伦敦塔中救出来,帮助爱德华夺回王位。

伊丽莎白王后仍然带着她的大女儿伊丽莎白公主还有其他孩子躲在威斯敏斯特的庇护所,她是这次秘密营救行动的核心人物。她私下与愿意支持她的贵族们进行了联络。贵族内部也召开了几次秘密会议,制定了行动计划。在这些会议上他们举杯祈愿塔中的国王和他的弟弟约克小公爵身体健康,并承诺会竭尽所能助国王复位。

然而他们并不知道,可怜的王子们那时早已一同长眠在了监狱院子一角不起眼的墓穴中。

最终，反对派的计划酝酿成熟，他们发动了政变。理查三世立即带领一支大军离开约克赶往伦敦。同时他命人故意把两个王子已经死亡的消息传到国外。这个消息使反对派不知所措，扰乱了他们的计划。当庇护所里的王后得到这个可怕的消息后，她惊呆了，这个沉重的打击几乎使她昏死过去。"她昏倒在地，掉进了痛苦的深渊，像一具行尸走肉。"当她终于恢复了知觉，她发出痛苦的尖叫和哀号，声音响彻了整个修道院，惨不忍闻。她捶胸顿足，撕扯着头发，一遍遍地喊着孩子们的名字，并狠狠地责骂自己为什么要把幼子交到敌人的手里。恸哭和悲叹过后，筋疲力尽的她陷入了一种平静的绝望中，她跪在地板上，面色可怖，认真严肃地呼唤全能的上帝，祈求他为自己的孩子复仇，并用最恶毒的语言诅咒残忍的罪魁祸首。

在这之后不久，理查三世的孩子就在米德勒姆城堡去世了。许多人认为这场灾难是来自天堂的审判，是丧子的母亲的诅咒应验在了国王的身上。

据说，当伊丽莎白王后从悲痛中稍稍恢复后，她要求人们带她去看看孩子们的坟墓。于是，人们把她带到了伦敦塔，指给她看了院子的角落，也就是孩子们一开始被埋葬的地方。

第十六章 家庭纠纷

反抗理查三世的首领之一就是白金汉公爵——那个曾经积极帮助理查三世夺取王位的人。我们不清楚是什么原因使他突然倒戈。据说他对理查三世给他的赏赐非常不满。无论如何,他现在已经背叛了国王,成了反对派的首领,开始策划如何对付理查三世了。

当起义军们听说王子们已死的消息后,起初都大失所望,不知接下来该怎么办。他们将约克家族和兰开斯特家族的后代仔细梳理了一遍,想找出一个他们接下来可扶持的人。最终,他们选定了亨利·都铎伯爵亨利·都铎。这个亨利·都铎,也就是人们通常所说的亨利·都铎,虽然不是兰开斯特家族的直系后裔,但反对派提议,让他娶王后伊丽莎白·伍德维尔的女儿伊丽莎白公主为妻,她当时正与母亲一起住在庇护所里。既然伊丽莎白的两个儿子都已经死去,那么这个女儿自然就成了爱德华国王的王位继承人。如果亨利·都铎和她结婚,那么约克家族和兰开斯特家族的继承权将会合二为一。

当他们把这个提议告诉伊丽莎白王后后,她立刻表示同意,并许诺她会将女儿嫁给亨利·都铎,也会承认他为国王,前提是他必须先打败他们共同的敌人理查三世,并将他废黜。于是人们开始制定详细的计划。亨利·都铎从前因为战败逃到了法国，此时他仍在那里。他们给他写了一封信，详细描述了他们的计划。亨利·都铎立刻同意加入。接着，亨利·都铎组织了一小支军队——这是他当时所能召集到的全部人马——分乘几只船，从圣马洛港口起航。他准备在英格兰西南部的德文郡登陆。

与此同时，反对派的几个首领去英格兰的不同地方募集军队，并建成据点来对抗理查三世。白金汉公爵去了威尔士。他计划在那里集结军队，然后带兵一路南下直到德文郡的岸边，最后与登陆后的亨利·都铎会合。

理查三世决定率兵平叛。他打算去阻截白金汉，但去前他首先发布公告，贬斥反对派首领是罪犯和恶徒，并出钱悬赏他们的人头。

白金汉没能及时赶到德文郡岸边与亨利·都铎会合。途中，塞汶河挡住了他的去路。你可以在英格兰地图上看到，这条河恰恰横亘在他的去路上。他尝试渡河，但是有人破坏了桥梁和船只，所以他没过不了河。于是他转向上游水流小一些的地方，希望找到一个浅滩，但是由于降雨，河水变得湍急，因此这个计划和其他计划一样行不通。最后，当白金汉被洪水困

亨利·都铎的画像。绘于1505年,作者信息不详

在岸边时，理查三世赶上了他。眼看就要陷入危境，白金汉的士兵们纷纷抛下他当了逃兵。最后，白金汉不得不逃命，找地方躲了起来。但他的一个仆人出卖了他，把他的藏身之处告诉了理查三世。于是理查三世立即抓住了他。白金汉让人代他向理查三世求情，准他见一面，并在给他定罪之前，先听听他的辩解。但是理查三世根本没有理会，他下令士兵立即将罪犯带到城中的广场上，砍掉他的头。他的命令被立即执行了。

当亨利·都铎到达德文郡岸边时，他发现白金汉并没有如约而至。他担心带着一小队人马上岸会有危险，于是便乘船回了法国。

至此，他们第一次组织力量反抗理查三世的尝试以失败告终。

悲伤的王后听到这个消息后，悲痛欲绝。她在庇护所的日子越来越难熬。她已经计穷谋尽。她发现僧侣们开始嫌弃她，因为她在那里白吃白住的时间太长了。他的朋友们倒是愿意接济她，但是理查三世不允许他们那样做。他派了一个士兵整日守在庇护所周围，不允许任何人进出。他曾说过，如果他没办法逼她投降，那么他就要将她困在里面，把她活活饿死。

第十六章 家庭纠纷

然而,理查三世此时最想得到的不是王后本人,而是她的女儿伊丽莎白,她现在已经是约克家族的王位继承人了。他盘算着,如果他能得到伊丽莎白,那么他就能轻而易举地阻止她与亨利·都铎结婚,这样他就能不费一兵一卒挫败敌人的阴谋。他更想抓住亨利·都铎本人,但亨利·都铎当时在与他隔海相望的布列塔尼,他鞭长莫及。

尽管如此,他还是密谋想要抓住亨利·都铎。他私下和布列塔尼公爵做了笔交易,如果公爵能将亨利·都铎抓住送给他,那么他会奉上一大笔钱作为酬谢。公爵答应了。但亨利·都铎在阴谋实施前就得到了消息,于是他从布列塔尼逃到了法国。他在巴黎受到法王的礼遇,法王甚至还承诺助他将理查三世赶下台,然后由他取而代之。听到这个消息后,理查三世坐立不安了。

此时已是夏尽秋至。11月,理查三世召集了议会。最后,议会通过了非常严苛的法令来对付那些犯上作乱的人。遵照法令,许多人被处死,有些人被流放,还有些人被关进了监狱。理查三世试图用这些手段来摧毁敌人的精神,从而阻止人们结成任何新的联盟来反对他。然而,尽管他想了这么多办法,只要还没有抓到亨利·都铎和伊丽莎白，他仍然感到寝食难安。

接着冬天到了。理查三世又心生一计，想哄骗王后和她的家人走出庇护所。于是他派了一个信使去王后那里，向王后开出了优厚的条件，前提是她离开庇护所，并且安全由他负责。他说他对王后并无敌意，如果她和她的女儿能信任他，他将会迎接她们重返王宫，以礼相待，并赐给她们锦衣玉食，封她本人为英格兰王太后，封她的女儿们为王室的公主。他会妥善安排年轻公主们的婚姻大事，让她们与门当户对的人家联姻。

面对这些诱人的条件，王后最终心动了。她离开了庇护所，把自己和女儿们交给了理查三世。很多人都强烈反对她这样做，但她的朋友和支持她的人为她辩解，说她除了这样做别无选择。如果她是独自一人，她大可以选择在修道院忍饥挨饿。但她不忍心眼睁睁看着自己的孩子们在穷苦中死去，而她只消说一句话就能救她们脱离苦海，立刻过上尊贵优渥的生活。所以她屈服了。她离开了大教堂，住进了理查三世为她安排的一处行宫，她的女儿们也回到了王宫，过上了公主的生活。尤其是大女儿，更是得到了格外的重视和优待。

尽管公主们的生活大大改善，但离开教堂后，王后真正的处境却非常凄凉。理查三世为她安排的住所十分幽暗，他要求她遣散所有侍从，然后亲自安排仆人和侍卫来服侍并看管她。很快，王后就发现她受到了严密监视，就像囚犯一样，境遇与从前相比并没有多大改善。

在这种境遇下，王后给她在巴黎的儿子多赛特①写了一封信，命他立刻终止女儿伊丽莎白与亨利·都铎的婚约。她在信中说："因为我已放弃了结盟的计划，并且另有打算。"亨利·都铎和他在巴黎的朋友以及追随者们收到信后都非常气愤，许多人都指责王后居然违背当初发下的誓言当众悔婚。也有人说这封信体现不了王后的真实意愿，而是理查三世强迫她这样写的。她现在已经完全被理查三世控制，自然是理查三世让她怎样写她就得怎样写。

这封信反映的究竟是不是王后的真实意愿我们无从得知。无论如何，亨利·都铎和他的追随者们都决定把这封信当作是她被迫而写。所以他们并不理会，而是继续酝酿他们的计划。

---

① 你可能还记得，多赛特伯爵是伊丽莎白第一次婚姻所生的儿子。因此他没有王位继承权。——原注

理查三世

据说，理查三世原本打算把伊丽莎白公主嫁给自己的儿子。之前我们曾提到他儿子之死，但当时他的儿子还活着，年纪很小，只有 11 岁。公主那时可能已经和他订了婚，只等他成年就完婚。公主本人似乎很快就同意了这桩婚事。眼看亨利·都铎登上王位娶她为妻似乎遥不可及，而理查三世此时大权在握。如果公主选择臣服查理，成为他儿子的未婚妻，就意味着她马上就能成为王国的贵夫人，地位仅次于安妮王后，并且未来有望成为王后。

然而，所有这些如意算盘都因为年轻王子的死而突然落空了。正如之前提到的那样，王子死时正住在米德勒姆城堡。这个可怜的男孩死得非常突然并且死亡方式非常离奇。有人认为他的死是上天的报应，伊丽莎白·伍德维尔王后曾诅咒杀害她儿子的罪魁祸首，现在那个可怕的诅咒应验了。也有人认为他是被毒死的。

王子死后不久，他的母亲安妮王后就身患重病倒下了。儿子的死让她的心彻底碎了，她日渐憔悴，身体慢慢地垮掉了。理查三世对她冷酷无情的态度使她更加痛苦。他不断不耐烦地抱怨她的病，嫌她毫无用处。有些怨言传到了安妮的耳朵里。一天，她在上厕所时听到一个谣言，说理查三世正打算处死她。她惊

第十六章 家庭纠纷

恐万状,顾不得收拾打扮,头发凌乱、衣衫不整地跑到她丈夫面前,痛哭流涕地问她究竟做了什么该当死罪的事。理查三世赶忙安抚她,让她安静下来,向她保证她没有必要害怕。

然而,她的健康状况每况愈下。不久,她听说,为了迎娶伊丽莎白公主,理查三世已经等不及她赶快死去,她越发感到气愤和恼怒。据说在儿子死后,理查三世就把注意力转到了伊丽莎白公主身上。可怜的王后悲愤交加,挣扎着捱过了冬季。但很明显她已经油尽灯枯。人们都认为,理查三世已经做好与伊丽莎白公主结婚的准备了,安妮的身体之所以会垮掉以及随后死亡都是因为理查三世给她下了毒药,使她慢性中毒而死。尽管没有证据证明这一点,但人们都认为事实的确如此,从中不难看出当时的人们是怎样看待理查三世的性格。

然而,有一点可以肯定的是,他的确认真地考虑过新的婚姻,公主本人也同意他的求婚,并非常积极地想要和他完婚。据说,王后还活着时伊丽莎白公主曾写信给她的朋友——一位地位尊贵并且很有影响力的贵族公爵,恳求他帮助促成她和国王的婚事,信中她称国王为"我的主人和我在这个世界上的快乐源泉——我的心灵和思想的主宰。"她甚至对王后迟迟不死表现出了不耐烦。"我只是想,"她说,"二月最美好的时日已经过去,而王后还活着。她难道永远不会死吗?"

但公主的耐心注定不会被考验更长的时间。之后不久,王后的情况迅速恶化,终于在3月薨了。

伊丽莎白公主现在满心欢喜。她和她叔叔婚姻的巨大障碍已经没有了,她成为王后的大路就在眼前。她和理查三世一个是侄女,一个是叔叔,他们的婚姻其实是完全不合法的。但理查三世想出一个计划来获取教皇的特许,并且毫无疑问他能轻而易举地做到这一点。当时人们认为,教皇的特许能够让任何事情变得合法。最后,理查三世小心翼翼地将计划告诉了几个心腹大臣。

他的谋士告诉他,这个计划执行起来风险巨大。他们说,英格兰人民认为目前的状况是国王一手造成的,全国上下没有不气愤的。王国内谣言四起,怨声不断,他们面临极大的威胁。无论是僧侣还是百姓都会把这桩婚事看作是乱伦,并深恶痛绝。他们说,许多人怀疑,为了给新的婚姻扫清障碍,理查三世害死了自己的妻子安妮。如果理查三世现在真的再婚,那

图为爱德华四世的大女儿伊丽莎白公主。绘于 1906 年，绘者信息不详

就等于坐实了这些猜测。他们补充道，臣民们现在只是怀疑他们暗中策划就已经如此愤慨，一旦计划真的实施，可想而知，将会爆发出怎样排山倒海般的愤怒。那时理查三世将会面临王位不保的危险。因此，理查三世立即决定放弃这个计划。他公开宣布从未考虑过这桩婚姻，所有说他有此打算的谣言都是假的，是对他的恶意中伤。他还向全国各地发出命令，任何传播这些谣言的人都会被逮捕，并被送到伦敦受罚。

当然，伊丽莎白公主的希望瞬间破灭了。她想象中的那座辉煌的城堡轰然倒地。然而，她的失望只是暂时的，因为最终她还是成了英格兰的王后。

第十七章

博斯沃思之战

精彩看点

亨利·都铎继续在巴黎做准备——远征军起航——理查三世发表宣言——作战计划——国王去了诺丁汉——亨利·都铎的希望和期待——各种谈判——理查三世在诺丁汉——他开始出兵——长长的队伍——博斯沃思战场上的两支大军——理查三世的忧愁和焦虑——痛苦的怀疑——他的懊悔——战斗——遭遇背叛的理查三世——纷纷变节——理查三世之泉——他的绝望——可怕的战斗——他拒绝逃跑——理查三世被杀——王冠易主——理查三世残部逃跑——尸体的处置——亨利·都铎娶了公主——伊丽莎白·伍德维尔王后——她生命的最后几年——她的薨世和葬礼

第十七章 博斯沃思之战

正如上一章所述,正在理查三世忙着使诈的时候,亨利·都铎在巴黎有条不紊地做着准备,计划再次进攻英格兰。法王不但为他提供了大笔资金,还协助他招募人马。当亨利·都铎从伊丽莎白的母亲那里得到消息,知道他和公主的婚约已被解除,理查三世准备迎娶这位年轻的女士后,他毫不理会,仍然宣布无论对方使出何种手段来对付他,他都会毫不动摇地实施他的计划。为达目的,实现初衷,他会全力以赴,不仅将理查三世赶下王位,取代他的位置,还要娶伊丽莎白公主为妻。

最后,远征大军严阵以待,运送军队的舰队从阿夫勒尔港启航了。

为了激发起英国人民反抗侵略者的热情,理查三世发表了一篇激动人心的宣言。他在宣言中把里士满伯爵称作"一个叫亨利·都铎的人",抨击他根本没有继承王位的资格,但却在毫无资格的情况下妄图夺取王位。他还说,为了从法王那里得到援助,亨利·都铎曾许诺"如果他成功了,会把当时英国占领的所有法国土地,甚至包括加莱,都赠与法国。他还承诺,他会把整个王国内最重要和最值钱的土地——如大主教、主教、公爵、伯爵、男爵的领地以及其他很多属于骑士、乡绅的财产,分封给所有追随他的叛国者和外国人"。宣言还称,"亨利·都铎的军队里不是强盗就是杀人犯,还有被议会剥夺了所有权利的造反派。他们中的许多人已经沦为臭名昭著的杀手、通奸犯和敲诈勒索犯。"

宣言的最后,理查三世呼吁所有臣民拿起武器,像一个真正优秀的英格兰人一样保卫妻子、孩子、家园和财产,并许诺他也会像勇敢的王子一样,身先士卒,将高贵的身躯投入到最危险的战斗中去保家卫国。

发表宣言的同时,理查三世向王国各地的贵族们发出命令,命他们整编军队,待他一声令下便立即出发。他派出一队人马去保卫南部海岸,因为他估计亨利·都铎会在那里登陆。他继续北上,前往王国的核

第十七章 博斯沃思之战

心地区集结大军。最后,他将司令部设在了诺丁汉,逐渐组织起一支大军。

就在双方各自紧锣密鼓地准备时,春季和初夏转眼就过去了。最终,8月的时候,理查三世在诺丁汉收到消息,说亨利·都铎已经带着一支两三千人的军队,在威尔士西南海岸的米尔福德港登陆。听到这个消息后,理查三世说:"我很高兴,他终于来了。我现在只需和他当面交锋,勇敢地战胜他,然后我的王国将重归宁静,不再受到任何骚扰。"

亨利·都铎并没有完全指望他的军队助他取得胜利。他知道,此时英格兰弥漫着对理查三世的不满。因此,如果他真的要争夺王位的话,那么他寄希望于到时会有无数人背弃理查三世,转投在他的麾下,尽管这些人此时表面上是理查三世的支持者。于是他派密使去全国各地游说他的朋友们,并与那些有可能改变立场的理查三世追随者们谈判。为了让谈判发挥作用,他决定不马上进入内陆,而是一边沿着威尔士南部海岸慢慢向东行进,一边等待消息。接着他便开始按计划行事。一路上,他的军队迅速地壮大。最后,当他到达威尔士的东部边界时,他觉得实力已经强大到进军英格兰与理查三世一决高下了。此时理查三世正在诺丁汉集结军队，准备拼死抵抗侵略者。他先是行军至莱斯特，然后到了塔姆沃思镇。塔姆沃思镇有个建在石头上的坚固城堡。他占领了这座城堡，并把司令部暂时设在这里。

这时，理查三世已经得到情报，掌握了亨利·都铎的动向，并且已经做好了进军的准备。他决定不再迟疑，直接迎战敌人。于是一天早晨，他"将步兵分成两队，骑兵分成两队，每五人一排，并呈巨翅形展开。"装满弹药的火炮架了起来，火炮后面留出一个供他坐镇指挥的位置。

一切准备就绪后，理查三世从城堡里出来，骑上一匹乳白色的战马。根据当时的传统，他穿戴着一套金光闪闪的华丽盔甲，精美的刺绣与锃亮的钢铁在太阳下熠熠生辉。头盔之上还戴着王冠。他骑马走在最前面，率领大军出了城堡的大门，沿着城堡外从山顶蜿蜒而下的道路下了山。他的亲军从旁护卫，其中有弓箭手、矛兵以及其他全副武装的士兵，他们个个衣着华丽，骑着高头大马，高举着数不清的锦旗和军旗。一和镇上的军队会合，他就下令开拔。他的大军浩浩荡荡，花了一个多小时才离开诺丁汉。当最后一个人终于走出城门时，整个部队已在路上绵延了3英里。

第十七章 博斯沃思之战

行进几天后,两军来到了博斯沃思镇附近,一场遭遇战迫在眉睫。那里有一大片空地,就是历史上著名的博斯沃思战场。两支军队在 8 月 19 日或 20 日开赴战场附近,接着开始为战斗做最后的准备。

理查三世的军队人数远多于亨利·都铎,阵容也更为壮观。至少从表面来看,所有迹象都表明他将毫不费力地取得胜利。然而,亨利·都铎斗志昂扬,充满了必胜的信心,而理查三世的心中则萦绕着一种不祥的预感。他的脑海一片混乱,心绪始终不宁。他认为,他的军队中领头的贵族和将军们已经暗下决心背叛他了,他们准备在战场上弃他而去,投靠敌人,除非他能在战斗一开始时就一炮打响,取得决定性的优势,让他们看到亨利·都铎是毫无取胜可能。虽然理查三世对他的猜测深信不疑,但他没有足够的证据证明他应该对他所怀疑的对象采取行动。他甚至不敢表露出自己的怀疑,因为他知道,如果他这样做,甚至只是暗示他有了疑心,只会使他所惧怕的背叛更快地发生,甚至会逼迫一些原本犹豫不决的人更快地背叛他。因此,就算他承受着巨大的焦虑和恐慌,他也必须隐藏自己所有的不安,除了对他最信任的朋友。在这些人面前,正如他们中的一人所说,"他倍受忧虑和悲伤的折磨，时不时地大喊要报复那些背信弃义、欺骗他的人。"

每当夜深人静的时候，他都会回忆起自己曾经为争夺权力而犯下的累累罪行。此时别提他有多怕永远地失去权力了。回忆反复侵扰着他的头脑，折磨着他的良心。"他每晚辗转反侧，"一位传记作家说，"他常常躺在那里久久不能入睡，甚至整夜醒着。脑海中浮现出各种画面。他对别人的关心和照顾不胜其烦。他宁可麻木地躺在那儿也不愿入睡，因为一旦入睡便有可怕的噩梦会找上门来。"

战斗开始那天，理查三世发现他最糟糕的预感居然成真了。那天一大早，他在一块高地上占据了一个可以俯瞰整个地区的有利位置，便待在那里指挥部队行动。战斗打响后，他在这个制高点上看到了他的士兵成群结伙地朝敌人那边走去。他恼羞成怒，大声喊道，叛徒！叛徒！他命令他的亲随跟他冲下山，杀出一条血路冲到亨利·都铎的营地，从而和他当面决斗并亲手杀死他。他认为这是他现在取胜的最后希望了。

战场上有一眼清泉，有一条小溪从源头流出，挡在了他面前。他在泉边停了下来，打开头盔喝了一口泉水。然后，他又关上头盔，继续骑马前行。

理查三世被噩梦惊醒。威廉·贺加斯（1697—1764）绘于 1745 年

后来,这眼泉水因此而得名"理查三世之泉",时至今日它依然保留着这个名字。

离开这眼泉后,理查三世继续策马前行去寻找亨利·都铎,身后跟着几个像他一样无所畏惧的追随者。他们穿过敌人的防线,朝着他认为亨利·都铎所在的方向冲过去,很快便被敌人团团围住。他和敌人短兵相接,展开了殊死搏斗。他干掉了包围圈中几个离他最近的敌人,并且一直叫嚣着让亨利·都铎出来和他决一死战。但亨利·都铎是不会这样做的。这时,理查三世的许多援兵赶来支援他。有些人催促他赶快撤退,告诉他这样做无异于螳臂挡车毫无意义,但他拒绝撤退。

他说:"只要我一息尚存,我就绝不会逃跑。因为创造陆地和海洋的造物主将在这天结束我的战斗或者我的生命。我会作为英格兰国王死去。"

于是他继续坚持战斗。几个忠心耿耿的朋友仍然坚持和他并肩作战。他的旗手坚定地站在那里,手中高举国王的旗帜,直到最后双腿被砍断,才倒在地上。但他仍然不放开手中的旗帜,尽管双手已经抽搐但仍死死握着,直到咽下最后一口气。

理查三世最终被敌人制伏。他筋疲力尽,加之流

第十七章 博斯沃思之战

血过多,他已经非常虚弱。他被敌人从马上击落在地,接着被杀死。在可怕的混战中,他的王冠也被打落,在硝烟中任人践踏。

斯坦利勋爵,一位背叛理查三世、投敌的军队首领捡起满是尘土、血迹斑斑的王冠,把他戴到了亨利·都铎的头上。从那一刻起,亨利·都铎就成了公认的英格兰国王。他就是亨利七世。

此时,为数不多的仍然誓死效忠理查三世的追随者终于放弃了抵抗,仓惶奔逃了。胜利者们抬起国王的尸体,脱下他的盔甲,然后把它搭在一个骑在马上的全副武装的随从身后。然后随从骑着马跟着新国王撤离了战场。亨利国王带着战利品凯旋,入了莱斯特城。理查三世的尸体示众三天,好让每个人确信他真的死了。最后,新国王轻松地进了伦敦。人们纷纷夹道欢迎。所到之处他都能听到人们大声欢呼、喝彩甚至哭喊声:"亨利国王!亨利国王!我们的君主,亨利国王万岁!"

继位几个星期后,亨利国王就投入了繁忙的国事中。然而,手头最紧急的政务一处理完毕,他就向伊丽莎白公主再次求婚。第二年一月,他们就结婚了。对伊丽莎白来说,谁是她的丈夫似乎并不重要,重要

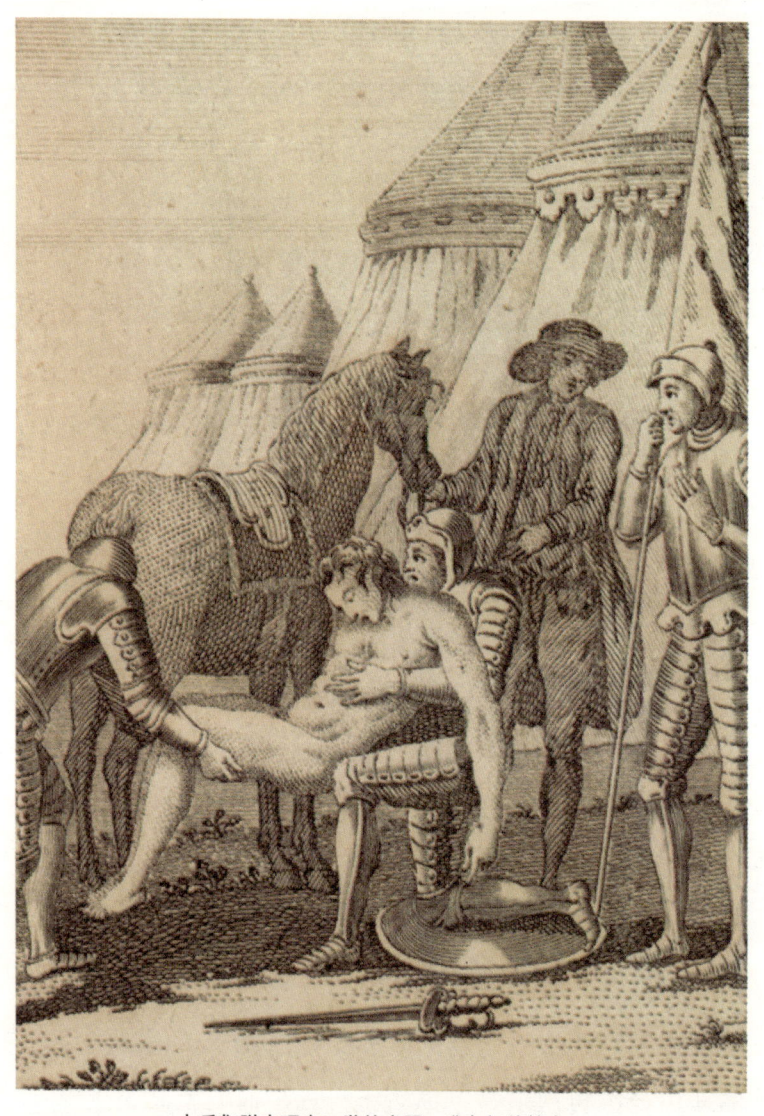

士兵们脱光理查三世的衣服,准备把他放在马背上。托马斯·彭南特(1726—1798)绘

的是这个人是英格兰国王,能够让她成为王后。亨利国王娶她的动机同样功利,他唯一的目的是通过和她结婚来得到她父亲传下来的王位继承权。因此,他从来没有真正爱她;婚后,他一直对她相当冷淡,并且完全忽视她的存在。

他对待伊丽莎白可怜的母亲王太后的方式就更不友好了。他将她送进了阴暗的伯蒙赛修道院,让那里的僧侣严加看管她。在那里她和囚犯没什么两样。他之所以如此对待她,是因为他不满王太后曾经背弃他,破坏了他们之间订下的婚约,更因她和女儿投靠理查三世,并参与了理查三世的阴谋,同意公主和他结婚。孤身一人的王后就这样在孤单冷清中度过了余生。准确地说,她并不是一个囚犯——至少,她并没有失去人身自由。之后的几年,因为某些特别的场合,她被接进王宫两三次,基本受到了礼遇和尊重。其中有一次是去参加她外孙的洗礼。

在孤单冷清的住所生活几年后,王后薨世了。她的遗体被送到温莎城堡安葬。她的女儿和亲朋得到了通知。来参加葬礼的人不多,她的女儿伊丽莎白当时身体不适,所以没有前来。葬礼在晚上举行,主持宗教仪式的是雇来的几个衣衫褴褛的可怜的老人。他们手中拿着"老旧的火炬和火把"为阴暗的教堂照明。与此同时,僧侣们也站在那里,口中低吟着哀怨的挽歌。

附录
专有名词英汉对照

理查三世	King Richard the Third
约克家族	The houses of York
兰开斯特家族	The houses of Lancaster
兰开斯特公爵	Duke of Lancaster
冈特的约翰	John of Gaunt
约克公爵	Duke of York
埃德蒙	Edmund
英格兰国王	King of England
爱德华三世	Edward the Third
理查二世	Richard the Second
塞西莉·内维尔小姐	Lady Cecily Neville
安妮	Anne
亨利	Henry
爱德华	Edward
埃德蒙	Edmund
伊丽莎白	Elizabeth

玛格丽特	Margaret
威廉	William
约翰	John
乔治	George
托马斯	Thomas
理查	Richard
厄苏拉	Ursula
理查·克罗夫特	Richard Croft
威廉·克林顿	William Clinton
约翰·麦尔沃特	John Milewater
哈里·拉维德恩	Harry Lovedeyne
约翰·博伊斯	John Boyes
马奇伯爵	Earl of March
拉特兰伯爵	Earl of Rutland
拉德洛城堡	Castle of Ludlow
什鲁斯伯里	Shrewsbury
莫蒂默小姐	Lady Mortimer
佛泽林盖城堡	Fotheringay Castle
菲力帕	Philippa
莱昂纳尔	Lionel
黑王子	the Black Prince
克拉伦斯公爵	Duke of Clarence
罗杰	Roger
兰开斯特的亨利	Henry of Lancaster
亨利四世	Henry the Fourth
亨利五世	Henry the Fifth
亨利六世	Henry the Sixth

附录 专有名词英汉对照

约克的埃德蒙	Edmund of York
安茹的玛格丽特	Margaret of Anjou
威尔士亲王	Prince of Wales
约克市	the city of York
戴维·霍尔	Davy Hall
诺曼底	Normandy
圣乔治	St. George
罗伯特·阿斯佩尔	Robert Aspell
韦克菲尔德	Wakefield
克里福德勋爵	Lord Clifford
海军大臣	Lord High Admiral
沃里克伯爵	Earl of Warwick
荷兰	Holland
乌得勒支市	the city of Utrecht
格洛斯特	Gloucester
威斯敏斯特宫	Westminster
陶顿	Towton
格洛斯特公爵	Duke of Gloucester
枪靶	quintaine
肯特郡	Kent
奥弗姆	Offham
约克的玛格丽特	Margaret of York
内维尔	Neville
伊莎贝拉	Isabell
加来镇	Calais
贝里克郡	Berwick
威斯特摩兰	Westmoreland

理查三世

约克郡	Yorkshire
约翰·格雷爵士	Sir John Gray
伊丽莎白·伍德维尔	Elizabeth Woodville
理查·伍德维尔爵士	Sir Richard Woodville
杰凯塔	Jacquetta
格拉夫顿	Grafton
勃艮第	Burgundy
约克党人	Yorkists
查尔斯伯爵	Count Charles
勃艮第公爵	Duke of Burgundy
佛兰德斯	Flanders
巴黎	Paris
鲁昂	Rouen
约克大主教	Archbishop of York
诺丁汉城堡	Nottingham Castle
温莎城堡	Windsor Castle
达特茅斯	Dartmouth
阿夫勒尔港	Harfleur
德文郡	Devonshire
海牙	Hague
玛丽	Mary
科布修女	Mother Cobb
低地之国	Low Country
特伦特河	River Trent
巴内特	Barnet
普利茅斯	Plymouth
塞汶河	River Severn